Hans Riedl
Heiter bis wolkig

Hans Riedl

Heiter bis wolkig

Rediroma-Verlag

Bibliografische Information der Deutschen Nationalbibliothek:
Die Deutsche Nationalbibliothek verzeichnet diese Publikation in der Deutschen Nationalbibliografie; detaillierte bibliografische Daten sind im Internet über http://dnb.ddb.de abrufbar.

ISBN 978-3-96103-096-5

Umschlagillustration: foto_steffen / photocase.de

www.rediroma-verlag.de
9,95 Euro (D)

Vorwort

Heiter bis Wolkig

An den Leser stell ich hier die Frage:
„Hallo, wie geht's, wie ist die Wetterlage?"
Der Wetterfrosch hat viel zu tun,
gefordert ist er wahrlich.
Wenn er erst mal auf der Leiter steht,
dann ist er meist beharrlich.

So will ich es auch halten mit meiner Schreiberei.
Hab ich erst einmal ein „Tief" geortet,
geht das nicht gleich vorbei.
Doch so wie es ist in der Natur,
nach einem „Tief" kommt wieder „Hoch."
Es gibt auch heitere Themen, es gibt sie schließlich doch.

Die will ich nun beschreiben, dass der Leser schmunzeln muss.
Deshalb stelle ich diese Themen ganz hinten an zum Schluss.

Heiter bis Wolkig

Wolkig ist die Welt fürwahr, kaum jemals ist sie heiter.
Trotzdem dreht sie sich beharrlich immer weiter.
Ich könnt deswegen irrewerden und hoffnungslos mich kränken
und müsst deswegen täglich aufs Jammern mich beschränken.
Auch wenn am liebsten ich es täte, es ergäbe keinen Sinn,
wenn ich deswegen traurig und zerstört am Boden bin.

Heiterkeit kann man nicht kaufen,
die kann man auch nicht buchen.
Die muss man täglich hinter Wolken sie erst suchen.
Darum lasse ich heut Texte zu, das Andere wie das Eine.
Es können putzig feine sein und richtig hundsgemeine.

Hört sie euch ruhig an, auch wenn das Eine traurig macht,
am Andern ihr Gefallen findet, dann auch mal schallend lacht.
Seid nicht zimperlich mit Lob, auch nicht mit einer Rüge.
Ich hoffe ehrlich,
ich gebe euch hier mit mein Können zur Genüge.

Sie verdienen daran

An dem Alten und Siechen, dessen Tage gezählt,
dem jegliche Hoffnung auf Zuwendung fehlt.
Der sich nicht mehr allein aus der Wohnung raus traut
und morgens bis abends in den Fernseher schaut.

Da hacken sie ein, die geschulten Verkäufer
mit ihrem Programm.
Sie klopfen die Sprüche, sie reden Tamtam.
Da präsentiert einer durch die Glotze so manchen Klimbim.
Der da hineinstarrt fühlt sich hingezogen zu ihm.

Er starrt in den Kasten und wird verzaubert vom Sprecher.
Der verkauft ihm statt einer Schüssel einen mickrigen Becher.
Der Sprecher im Kasten nimmt seinen Mund viel zu voll.
„Die Qualität ist einmalig, der Preis ist so toll.

Ein Schnäppchen für sie, heut haben sie Glück.
Greifen sie zu, wir haben davon nur noch wenige Stück“.
Schon greift er zum Hörer und wählt dessen Nummer,
gibt durch die Bestellung, jetzt beginnt erst der Kummer.

Statt einer Schüssel, hat er einen Becher erworben.
Jetzt hat er begriffen, ihm ist die Laune verdorben.
Was soll er mit dem Becher, davon hat er genug.
Der Verkauf durch die Glotze ist wie ein Betrug.

Eine Schüssel hätt er gebraucht, die ist ihm zerbrochen.
Jetzt fehlt sie ihm täglich und das seit zwei Wochen.
Er fühlt sich geneppt und weil er es ändern nicht kann,
macht er wieder den Fernseher an, auf demselben Programm.

Schlepper

Wir sitzen zu Hause und bemerken meist nicht,
wie in anderen Ländern den Menschen
die Zukunft zerbricht.
Mit Gleichgültigkeit man in den Fernseher stiert.
man ist höchstens noch auf die Werbung fixiert.

Doch unsere Erde bebt vor Elend und Not
und reiche Ernte holt sich meistens der Tod.
Das Mittelmeer brodelt von den Flüchtlingen aus Afrika
und Hilfe für diese ist meistens nicht da.

Die Flucht ist ein Wagnis, man nimmt sie in Kauf.
Sie flüchten nicht einzeln, sie flüchten zu Hauf.
Europa ist gepanzert mit Mauern und Draht
und Italiens Marine liegt auch schon parat.

Die Not treibt sie hinaus und weit über das Meer.
Mit zu kleinen Booten kommen sie von drüben daher.
Geeignet für zehn doch hundert liegen darin.
Sie hoffen auf einer besseren Zukunft Beginn.

Das Ziel ist Europa, doch Europa ist kalt.
Die Lawine rollt weiter, es gibt keinen Halt.
Sie verlassen die Familie, die Mutter, den Vater.
Es gibt für sie meistens nur schlechte Berater.

Schon liegen sie zu Tausenden auf dem Meeresgrund.
Es sind deren zu viele, ist oft der Befund.
Der Flüchtling gibt alles was er besorgen sich kann.
er ist der Verlierer, die Schlepper verdienen daran.

Großaktionäre

Man sieht sie nicht, man hört sie nicht,
doch sind sie stets präsent.
Es sind die Aktionäre, die man so benennt.
Sie beherrschen Bank und Wirtschaft,
viel stärker als man denkt
und so mancher Wirtschaftszweig wird von ihnen straff gelenkt.

Der Aktionär ist gewinnorientiert,
er streckt sich nicht nach einer Decke.
Es zählen nur die Zuwachsraten
und der Mensch bleibt auf der Strecke.
Unliebsame Konkurrenten werden ohne Gewissen ruiniert,
damit man mit dem Geschädigten dann leichter fusioniert.

Die Fusion hat was für sich, nach des Aktionärs Ermessen,
denn er wird Erfolg und Misserfolg
nach der Gewinnausschüttung messen.
Aus zwei mach eins, darin liegt das Kapital.
Mit weniger Personal betreibt man eins auf jeden Fall.

Was kümmert ihn der Arbeitslose,
der übrig bleibt nach der Fusion,
denn Menschen ohne Arbeit, die gab es immer schon.
Was kümmert ihn die Not, die den Arbeitslosen kränkt.
Der Aktionär denkt nur an sich, an den anderen er nicht denkt.

Er verdient sein Geld ohne einen krummen Rücken.
Nach Rüben und Kartoffeln muss er sich nicht mehr bücken.
Man sieht ihn nicht, man kennt ihn nicht,
doch er ist überall daheim.
Durch geschickte Aktienkäufe verdient er ungemein.

Dadurch hat er Macht und Einflussreichtum,
er bestimmt auch Politik.
Er vertritt nur die eigenen Interessen, darum übe ich Kritik.
Er handelt mit den Aktien, weil er es gut versteht.
Es ist sein gutes Kapital, sein Aktienpaket.

Der kleine Mann bringt es nie zu was,
zu hoch legt man die Latte.
Mit Aktien zu jonglieren, steht für ihn nicht zur Debatte.
Sein Kapital ist schon verbraucht, bevor das Monatsende naht.
Mit dem wenigen noch auszureichen, hier übt er den Spagat.

Die Wirtschaft sollte ständig wachsen, dazu trägt er brav bei.
Ihm wird auch oft versichert wie unverzichtbar er dort sei.
Nur beim Verdienen stellt er sich brav am hinteren Ende an,
weil die Großaktionäre verdienen am meisten daran.

Krieg

Der Krieg hat schon begonnen zwischen Abel und Kain.
Einer allein macht den Krieg nicht allein.
Man verkündet den Frieden, doch mit der Waffe in Händen.
Waffe und Krieg wird jeden Frieden beenden.

Nur Glaube und Hoffnung allein, das bringt keinen Sieg.
Den letzten Funken davon vernichtet der Krieg.
Ganze Völker sind unterwegs um ihre Zukunft zu suchen,
trotzdem will kaum jemand seine alte Heimat verfluchen.

Ihre Heimat kann ihnen kein freies Leben mehr geben.
Sie wollen in Europa sich ein neues erstreben.
In ihrer Heimat herrscht Hunger und Willkür und Not.
Sie können nicht bleiben, es herrschen Entsetzen und Tod.

Es krachen die Bomben, es riecht nach Pulver und Rauch.
Das sind des Krieges Gehilfen nach uraltem Brauch.
Die Leichen im Rinnsal, ohne Fuß ohne Hand,
die Knochen zerschmettert, das Fleisch ist verbrannt.

Getroffen sind Vater und Mutter, umherirrt das Kind.
Der Krieg walzt alles nieder wie ein Sturmwind geschwind.
Es bersten die Mauern, kein Haus bleibt verschont.
Eine Schutthalde nur, wo man noch gestern gewohnt.

Wer noch nicht gestern geflohen
der heute unter die stürzenden Mauern gerät.
Nur mehr blankes Entsetzen,
denn heute ist es meistens zu spät.
Allah ist groß wenn man sein Leben noch retten kann.
Der Krieg ist abscheulich,
doch die Rüstungskonzerne verdienen daran.

Banken

Weil du Wohnraum benötigst, baust du ein Haus,
doch zu wenig Geld in der Tasche, so sieht es meist aus.
Die Bank will dir helfen,
das hast du in der Werbung gehört.
Dass sie an sich selber nur denkt
hat dich nicht weiter gestört.

Du bist einfach happy, egal wieviel Zinsen sie nimmt.
Du wirst nie erfahren, ob ihre Rechnung auch stimmt.
Du rackerst und stotterst samt Zinsen
dann Stück für Stück
über Jahre penibel deine Schulden zurück.
Die Manager drinnen, sie schwimmen im Geld.
Dass sie es getreulich verwalten, das ist weit gefehlt.

Sie zocken damit, damit die Gewinne noch steigen,
um den Aktionären die schönen Bilanzen zu zeigen.

Das Geld fliegt zum Rauchfang hinaus,
auch dein Geld ist dabei.
Sie sind ganz unschuldig wie die Lämmchen im Mai.
Sie rufen nach Rettung damit die Welt weiter besteht.
Ohne Rettungsdebatte kein Tag mehr vergeht.

Der Staat gibt ihnen Geld, das von seinen Bürgern er nimmt.
Zahl deine Steuern, das Geld ist für die Banken bestimmt.
Wenn du das hörst, wird dir ganz schwindlig und heiß.
Du bist zum zweiten Mal dran, hier schließt sich der Kreis.
Der Kreislauf fängt von vorne neuerlich an.
Das Geld ist im Umlauf, die Banken verdienen wieder daran.

Agrarwirtschaft

Der Bauer gibt Brot und das Fleisch auch dazu.
Die Arbeit ist reichlich, er hat keine Ruh.
Er pflegt die Äcker und Wiesen stets voller Bedacht
und seit jeher hat er selber seine Nahrung gemacht.

Doch vorbei sind die Zeiten wo der Bauer noch frei,
auf seinem Hof und dem Acker
sein eigener Herr er noch sei.
Wo er noch bestimmte, was in die Scholle er sät.
Ohne Weisung aus Brüssel, kein Tag mehr vergeht.

Den kleinen Strukturen macht man den Garaus.
Kein Knecht und keine Dienstmagd ist da mehr zu Haus.
Nur groß und größer ist jetzt die Devise.
Die Preise im Keller, der Bauer steckt in der Krise.

In wahren Fabriken hält man die Tiere zu Hauf.
Kein Platz mehr zum Leben, fast obenauf drauf.
Die Menge schafft Money, das bringt noch Profit.
Der Bauer von früher, der kommt nicht mehr mit.

Die Tiere in den Fabriken, die werden geschunden.
Die Massentierhaltung wird kaum unterbunden.
Immer öfter sind Manager in der Tierzucht am Werken.

Anstatt dem Landwirt den Rücken zu stärken
schaltet man in Brüssel die Ampel auf Grün
damit solche Agrarwirtschaftsbosse
über unsere Länder herzieh´n.
Der Landwirt, der Bauer nach landläufigem Sinn,
der hat keine Chance, er ist schon dahin.

Ich weiß noch, wie früher, als ein Kind noch konnte ich sein,
da bekam man noch Geld für ein fettes Mastschwein
und verkaufte der Vater auch einmal ein Rind,
das füllte die Kasse unseres Haushalts geschwind.

Für ein Ei bekam man beim Kaufmann beinahe ein Brot.
Man konnte somit leben von den Hühnern zur Not.
Was ich heute so sehe erfüllt mich mit Graus.
Ohne Förderung stirbt der Bauer, es geht sich nicht aus.
Das Korn kommt von Farmen, so groß wie ein Land.
Die spritzen vom Flugzeug aus, das ist mir bekannt.

Die Rinder stehen auf den Weiden zu tausenden gleich.
Nur die riesige Menge macht dort den Farmer noch reich.
Bei uns der Landwirt mit den niedrigen Preisen
nicht überleben mehr kann,
doch die Agrarwirtschaftsbosse verdienen noch immer daran.

Pharmaindustrie

Die Pillendreher haben Hochsaison,
sie sind drinnen im Geschäft.
Weil die Pharmaindustrie in der Werbung auch nicht schläft.
Die Oma und der Opa auch andere Patienten
fürchten sich davor, dass sie ohne Pillen
nicht weiterleben könnten.

Zum Frühstück und zur Jause
ganz bestimmt beim Mittagsmahl,
zum Nachmittagskaffee, am Abend noch auf jeden Fall
nehmen sie die Pillen
die verschieden sind in Farbe und in Form.
Die Menge, die sie schlucken ist außer jeder Norm.

Für Husten und für Heiserkeit, für das kleinste Zipperlein
stopft man heute, wie von der Werbung vorgegaukelt,
die Pillen in sich rein.
Doch alle haben Nebenwirkung auf den Kreislauf und das Herz.
Doch dafür gibt es wieder Pillen, ich mache keinen Scherz.

Es gibt auch Säfte, Salben und andere Medikamente
ohne die ein moderner Mensch nicht überleben könnte.
Der Hausarzt und der Facharzt die schreiben das Rezept.
Wenn ich auf den Zettel blicke, dann füll ich mich geneppt.

Schnell nun in die Apotheke, dort zahl ich meinen Obolus.
Wie der Hans im Glück fühl ich mich dann zum Schluss.
Sitze ich am Abend vor der Glotze und bin schon halb hinüber,
da streut mir dann die Werbung ein wenig Salz noch drüber.

Für den Magen, für den Darm, für das ganze Wohlbefinden
sollte ich die Pillen kaufen, aus ganz bestimmten Gründen.

Für meine müden Füße und gegen Hühneraugen
kann das Mittel aus der Werbung auf jeden Fall nur taugen.

Die Haare auf dem Kopf, die stehen nicht mehr dicht.
Besonders auf dem Hinterkopf, wird es besonders licht.
Dafür gibt es nichts, doch jetzt hören sie mal her:
Ab morgen ist ein Säftchen auf dem Markt,
deine Glatze ist nun kein Malheur.

Hast du Rheuma im Gelenk oder einen Tennisarm.
Dir ist nicht wohl in deiner Haut, dir ist mal kalt mal warm.
Auch hier ist Hilfe schnell zur Stell,
du musst es nur mehr wollen.
Gehe in die Apotheke, dann schöpfst du aus dem Vollen.

Neulich war ich richtig krank, die Krankheit wollt nicht weichen.
Mit allen Gartenkräutern konnte ich nicht Linderung erreichen.
Da half nur noch die schwere Keule, Antibiotika mit Namen.
Da las ich auf dem Beipack Text,
es können gewisse Funktionen für kurze Zeit erlahmen.

Darüber muss man gar nicht traurig sein,
es gibt die blaue Pille.
Die regelmäßig eingenommen und dazu ein guter Wille.
Wir leben wie im Paradies, wir brauchen nicht zu sterben.
Man hört und sieht doch täglich, womit die Pillendreher werben.

Sie haben uns schon eingebläut,
dass man ohne sie nicht leben kann.
Gewinner ist die Pharmazie,
sie verdienen sich dumm und dämlich dran.

Fastfood

Mit Burger und Cola man sich heute ernährt.
Jetzt frage ich schüchtern, wieviel ist das wert?
Den Big Mac, das Cola, bekommt man beim Mac.
Der Donalds macht Werbung, die ist ganz schön keck.

Hast du Hunger, du brauchst nicht zu laufen,
du kannst beim Mc Donalds durch die Autotür kaufen.
Eine Runde um den Laden und schon bist du dran.
Der Big Mac ist sperrig,
dass man sein Maul nicht so weit aufreißen kann.

Das Fleisch dazu nimmt man ausschließlich
vom einheimischen Rind.
Wer glaubt der wird selig, das glaubt nur ein Kind.
Die Konzerne, sie wissen, wie man den Kunden gewinnt,
mit Versprechen und Lockung sie in ihre Netze einspinnt.

Trinkst du ein gewisses Wässerchen bekommst du Flügel dafür.
Du musst nicht mehr gehen, du fliegst hinaus bei der Tür.
Du wirst so stark wie ein Bulle, so leicht wie der Wind,
wenn der Saft aus der Dose durch deine Gurgel mal rinnt.

Rauchen ist schädlich und schon ziemlich verpönt.
Doch rauche nur weiter, du hast dir sonst nichts gegönnt.
Es verdient sich Milliarden die Tabakindustrie.
Auch der Finanzminister verzichtet auf die Steuer drauf nie.

Du als Raucher bist der Dumme, du bist dreimal bedient.
Weil erstens das Finanzamt mit dir als Raucher gewinnt.
Weil zweitens die Tabakindustrie fette Gewinne lukriert
und drittens weil der Raucher viel schneller krepiert.

Der Mensch will nur mehr essen, was die Werbung versüßt,
was nach Lockstoffen duftet und gerade mega in ist.
Die Marken, die sind es, die machen es aus.
Aus einem Fleischlaberl macht man einen Hamburger draus.

Mit Chicken und Nuggets wird fein aufgetischt.
Doch ist zu den Chickens wer weiß was gemischt.
Wenn ich in der Konsumwelt wollte zu suchen beginnen,
dann ist was oft draufsteht da meistens nichts drinnen.

Die Namen sind wichtig, die Verpackungen auch.
Die Ware darinnen ist Schall nur und Rauch.
Die Konzerne, sie wachsen und expandieren derweil.
Die Profitaussichtskurven, sind meistens sehr steil.

Der Konsument ist ganz wichtig, das Chicken Nuggets er kauft.
Dass das Wässerchen mit dem Bullen aus der Dose er sauft.
Zurück zur Natur man sich entschließen nicht kann.
Die uns das verkaufen, die verdienen daran.

Die neue Esskultur

Heil McDonalds sag ich nur,
das ist die neue Esskultur.
Fertig machen zum Versand,
die Verpackung liegt am Straßenrand.

Zwei Lagen Fleisch vom Steirerrind,
das kennt zurzeit schon jedes Kind.
Ein Sesam Weckerl obendrauf,
soweit bring ich mein Maul nicht auf.

Hinein ins Auto, runterwürgen,
für Qualität muss mir die Werbung bürgen.
Fenster auf und so entsorgen.
Den nächsten Big Mac kauf ich morgen.

Hilfe

Ein Schlauchboot kommt von drüben her.
Nein, es ist nicht eines nur, es sind wohl deren mehr.
Die Boote sind weit überfüllt, die See ist rau, das Wasser kalt.
Wie ein Spielball sind die Boote,
sie drohen schon zu kentern bald.

Ich seh darinnen Menschen, gegenseitig halten sie sich fest.
Sie versuchen zu bewahren, ihrer Würde letzten Rest.
Ich steh am Strand, die Wasser tief,
schon gibt man mir ein Zeichen.
Ich bin kein Freund von Wassermassen,
ich kann sie nicht erreichen.

Da kommen Menschen nun daher, mit ihrem letzten Hemd.
Ich stehe hilflos da, denn das Wasser ist mir fremd.
Was nützt allein mein Wille, wenn ich bin, so wie ich bin?
Ich kann nicht übers Wasser gehen,
ich komm nicht zu Ihnen hin.

Ich wache auf und bin perplex. Was war das für ein Traum?
Soll das jetzt ein Zeichen sein? Ich denke mir: wohl kaum.
Träume hab ich vielerlei, mal traurig und mal heiter.
Träume sind nur Schäume, das Leben geht jetzt weiter.

Doch immer wieder kehr ich zurück,
in Gedanken zu den Booten.
Ich versuche nun den Traum in seiner Wirkung auszuloten.

Soll das nun ein Zeichen sein, mich dort einzubringen?
Sollte ich Bereitschaft zeigen und ins kalte Wasser springen?

Der Tag hat mich nun voll im Griff,
der Traum ist längst vergangen.
Doch schon nach kurzer Zeit bin ich wieder
dem Traume nachgehangen.
Was ich auch mach, es kommt zurück,
das Schlauchboot auf dem Meer,
wie die Menschen dort verzweifelt sind und winken zu mir her.

Ich geh ins Bett, nach Tagesmühen, will meine Ruhe finden,
doch in der Nacht quält mich derselbe Traum,
aus irgendwelchen Gründen.
Wieder Wasser überall und Boote auf dem Meer.
Was mich am meisten nun bedrückt, die Boote sind nun leer.

Wo sind die Menschen jetzt? Wohl in des Meeres Tiefen,
die gestern noch darinnen saßen und zu mir um Hilfe riefen.
Bin ich jetzt schuld am Tod von Menschen
und deren Untergang?
Allein bei dem Gedanken wird mir schon angst und bang.

Jetzt pack ich meine sieben Sachen
und mach mich auf den Weg.
Ich will mal sehen, ob ich helfen kann, ob ich dort was beweg.
Wer Hilfe bringt, bringt doppelt Gut,
auch wenn sie noch so spärlich.
In mancher Zeit, an manchen Orten, ist Hilfe unentbehrlich.

Trauervogel

Schwarze Raben, Trauervögel, ich seh sie himmelwärts.
Auch wenn ich diese Tiere mag, es heilt nicht meinen Schmerz.
Die Welt ist heut voll Überfluss und Reichtum einerseits.
Andererseits darben Menschen und verhungern sie bereits.

Der Hunger wird meist hausgemacht,
von denen die Nutzen daraus ziehen.
Sie bekommen oft für ihre Taten, manch Orden noch verliehen.
Trauervogel, schwarzer Rabe, bringst du mir dein Gesetz?
Der Arme geht dem Reichen unwillkürlich in sein Netz.

Der Starke frisst den Schwachen, wie der Vogel frisst sein Aas.
Dies sind der Lauf der Dinge und das ohne Unterlass.
Trauervögel kreisen heute in ruhig fester Bahn.
Wer wird wohl heute sterben oder bin ich selber dran?

Die Trauervögel erwartet nur eine magere Beute,
denn von der Not ernähren sich schon viel zu viele Leute.
Schwarzer Rabe, Trauervogel, ich seh dich heute kreisen.
Willst du mir Zeichen geben, willst du mir was beweisen?

Wenn du dich mal hernieder lässt, ob es morgen ist, ob heute.
Lass die Armen, Arme sein und friss die reiche Beute.

Das Pflänzchen

Da steht am Weg ein Pflänzchen,
das gedeiht so recht und schlecht.
Auf dem besten Boden wachsen, dazu hat es wohl kein Recht.
Nur Steine, Müll und Abfall und sonstige Beschwerden
ist der Boden für das Pflänzchen, es kann nicht größer werden.

So mancher fremde Hund hat auch noch hingepinkelt.
So ist es auch gewachsen, verkrüppelt und verwinkelt.

Ein Übriges tut der Gärtnermeister, mit seinen Lobbyisten.
Somit muss das arme Pflänzchen ein ödes Dasein fristen.

Aus dem mageren Boden ist auch nicht viel zu holen.
Ein weiteres großes Ungemach sind die Wetterkapriolen.
Kaum ist es einmal aufgeblüht, hat die Hitze es verdorrt.
Ein ständiger Überlebenskampf, halt so, mit einem Wort.

Das Volk hätte allzu gerne das Pflänzchen aufgepäppelt,
doch man lässt es nicht heran.
Man kann nur etwas päppeln, wenn man es auch kann.
Der Gärtnermeister in dem Garten,
in dem das Pflänzchen vegetiert,
der hätte es am liebsten abgehauen, am liebsten inhaliert.

So steht es da, ist dünn und krumm,
ein Abbild von Trübsal und von Jammer.
Die Widrigkeiten, allesamt, halten fest es in der Klammer.
Man lässt es nicht, so wie es könnte,
die Interessen sind dagegen.
An ein Gedeihen und Erblühen ist niemandem gelegen.

Der Gärtnermeister, falls man ihn frägt, weist höflich darauf hin:
„Wir haben auch noch jenes Pflänzchen
in unserem Garten drin."
Der Zustand dieses Pflänzchens betrübt mich einfach sehr.
Dass man es nicht gedeihen lässt, das ist halt das Malheur.

Wie man es unterdrückt, das belastet mein Gewissen.
Wie es nun mit Namen heißt, ihr werdet es schon wissen.
Das arme Pflänzchen heißt mit Namen, welch blanke Ironie,
so wie man es hat einst genannt, nur schlicht „Demokratie!"

Das Schaufenster

Wie ist das mit dem Fenster und der Ware, die darinnen steht.
Man könnte alles kaufen, wenn man dahinter geht.
Da stehen drinnen Sachen, geputzt und auch gebleicht.
Man braucht es hier nur abzuholen, falls das Geld noch reicht.

Anders ist es mit der Ware, die feilgeboten wird,
die auch meistens käuflich ist,
auch wenn der Besitzer sich noch ziert.
Ich sprech von Sex und von Erotik in allen den Facetten,
was man erhalten kann, im Freigehege
und in den Lasterstätten.

Da bieten sich die schönsten Formen oft unserem Auge dar.
So sehr man sich bemüht, aber der Blick ist nicht mehr klar.
Man denkt nur noch an das Vergnügen und an das Himmelbett.
Ja wenn das Wörtchen „wenn" nicht wär, wenn man es nur hätt.

Alles wird hier feilgeboten, man braucht nur hinzulangen.
Man könnte alles frei erwerben,
nicht mit Zweifel, nicht mit Bangen.
Wir haben uns gewöhnt daran, wir in unseren Breiten,
doch jene, die von weit her kommen,
muss man drauf vorbereiten.

Die kommen aus der Steinzeit raus,
was Erotik und freien Sex betrifft.
Wo doch ihre Führer sagen, das alles ist nur Gift.
Nun ist der Fremde einmal hier,
aus den Ländern mit dem Mond.
Die sind, was diese Freiheit anbelangt,
daran noch nicht gewohnt.

Sie kennen noch die Regeln nicht, die wir schon intus haben.
Sie denken bei dem Angebot, nur an Geschenkes Gaben.
So wundert`s nicht, wenn dieser und mal jener,
an der Ware sich vergreift.
Ihr Verständnis von den Regeln, ist noch nicht so ausgereift.

Wir wissen, was wir dürfen, was böse ist und gut,
doch auch von unseren Leuten, so mancher manches tut.
Da wird dann oft auch schlicht verheimlicht,
unter dem Teppich reingekehrt.
Manches große Ärgernis, ist hinterher nichts wert.

Bei den Fremden schaut man genauer hin,
das bewirkt die Fremdkultur.
Es ist doch alles schön und gut, wenn sie begreifen nur.
So ist das mit dem Angebot, wer kauft, hat alles frei,
doch sich bedienen und nichts kaufen, das sind der Dinge zwei.

Ich glaube

Ich glaub an Gott und an die Welt, an was glaub ich eigentlich?
Dass ich es nicht einmal weiß, das ist es sicherlich.
Wer glaubt, wird selig, sagt ein Spruch,
wie soll ich das verstehen?
Wird meine Seligkeit deshalb nur über Glauben gehen?

Ich glaubte einst, voll Zuversicht, an jenes und an dieses.
Glaub an Gott, dann lebst du ewig, ja ich glaub, so hieß es.
Inzwischen hab ich nachgedacht, das Leben gab mir Zeit.
Alles auch zu glauben, was mir aufgetragen wurde,
bin ich nicht bereit.

Ich mach mir selbst ein Bild davon,
doch ist mein Bild auch richtig?
Einen kleinen Anhaltspunkt zu haben, wäre mir schon wichtig.

Ich glaub daran, dass das Schlechte, was gestern war,
sich nicht morgen wiederholt.
Dass alles Schlechte aus der Vergangenheit,
auch dort verbleiben sollt.
Dass das Gute, endlich das Böse wird besiegen.
Wenn der Kampf zu Ende ist, was wird dann überwiegen?

Ich mach mir selbst ein Bild davon,
doch ist mein Bild auch richtig?
Einen kleinen Anhaltspunkt zu haben, wäre mir schon wichtig.

Ich glaube, dass die Flüchtlingsproblematik
ein gutes Ende nimmt.
Oder sind wir in ein paar Jahren
vielleicht schon fremd bestimmt?
Wie wirkt sich aus, auf uns, der fremde Glaube, die Kultur?
Aber jener, der alles das verkörpert, ist doch ein Flüchtling nur.

Ich mach mir selbst ein Bild davon,
doch ist mein Bild auch richtig?
Einen kleinen Anhaltspunkt zu haben, wäre mir schon wichtig.

Ich glaub an das, was von der Politik ich so erfahre,
nein, daran glaub ich nicht.
Dem zu glauben, der augenscheinlich schwindelt,
das ist nicht meine Pflicht.

Wer einmal lügt, dem glaubt man nicht,
auch wenn er mal die Wahrheit spricht.
Wir sehen kaum mit unseren Augen,
zu viel streut man uns schon Sand hinein.
Auch beim Hören mit den Ohren, wird es so ähnlich sein.

Ich mach mir selbst ein Bild davon,
doch ist mein Bild auch richtig?
Einen kleinen Anhaltspunkt zu haben, wäre mir schon wichtig.

Ich glaube, dass ich friedlich bin, ausgeglichen, seriös.
Doch was andere von mir denken,
das macht mich schier nervös.
Wie seh ich aus, in meinen Jahren, bin ich zu empfehlen?
Würde mich, im Fall des Falles, noch wer zum Partner wählen?
Bin ich gescheit genug, für diese heutige Zeit?
Daran etwas zu ändern, wär ich dazu bereit?

Ich mach mir selbst ein Bild davon,
doch ist mein Bild auch richtig?
Einen kleinen Anhaltspunkt zu haben, wäre mir schon wichtig.

Ich glaube an die Zukunft, an die man meistens denkt.
Dass meine Lebenszeit, noch nicht zu eingeschränkt.
Dass ich nur glaube und nichts weiß, belastet mein Gewissen.
Mein Horizont ist eingeschränkt,
denn glauben, heißt, nichts wissen.

Allerseelen

Allerseelen wird Gedenktag aller Seelen immer sein.
Für alle Seelen, die dort warten, wird Allerseelen wichtig sein.
Der eine war ein Geizhals,
der hat seinen Wohlstand mit Autos noch gekrönt.
Der andere war sein Nachbar,
der hat ihm die Kartoffeln nicht gegönnt.

Da liegen sie nun dicht an dicht, zu einander hingedrängt.
Zwischen beiden hat man erst vor Tagen
eine frische Leiche reingezwängt.

Am Friedhof ist zu wenig Platz, dort entsteht die Drängerei.
Wo früher einer hat gelegen, da liegen heute zwei.

Da liegen sie nun hin geschlichtet,
es ist kein Meter Zwischenraum.
Das hätten sie wohl nicht gedacht,
nicht mal im schlimmsten Traum.

Aller Seelen gelten gleiche Rechte,
der Reichtum ist nun gleich verteilt.
Beide sind nun ganz genügsam
seit man gemeinsam in der Grube drinnen weilt.

Was früher war ist lange her, doch viel länger ist die Ruhe,
die sie nun verbringen werden in der bekannten Truhe.
Hier zählt das Auto nicht, nicht mal Gold und Edelsteine.
Hier sind alle Leichen gleich viel wert,
so wie die große, so die kleine.

Da liegt der dicke Mann, wie der Grabstein jetzt noch zeigt.
Die Frau gleich nebenan, die gerne sprach,
jedoch nun immer schweigt.
Dort in der zweiten Reihe mit dem frischen Erdenhaufen,
wird der Kaufmann, der er war, nun nie mehr was verkaufen.

Aller Seelen ist die Stille, die wird nicht mehr gestört,
weil auch der größte Lärm nicht mehr von denen wird gehört.
Wer einst viel Lärm um Nichts gemacht,
dem sind die Hände nun gebunden.
Der hat sich, wie man sehen kann, bereits schon abgefunden.

Aller Seelen ist die Ruhe, man hat sich dran gewöhnt.
Man hat sich mit der Hektik und dem Zeitdruck ausgesöhnt.
Nur Gähnen mehr und Langeweile wohin das Auge schweift.
Sie sind in der Entwicklung bis zum Nullpunkt ausgereift.

Aller Seelen ist die Hoffnung, dass jedem blüht was er verdient.
Jedoch in dieser Angelegenheit sind nicht alle gleich gesinnt.
Die Hoffnung war das Brot des Menschen,
davon wurde er nicht satt,
weil der Mensch im Trott des Lebens immer Hoffnung nötig hat.

Aller Seelen war der Glaube an Gott und Ewigkeit.
Der eine mehr, der andere weniger, alles schön zu seiner Zeit.
Jetzt wird es sich beweisen, was man mit glauben hat gemeint.
Dass sie nun die Früchte ernten und dass es nicht nur scheint.

Aller Seelen ist die Gleichheit ob früher reich,
ob Hungerleider, ob Terrorist, ob Halsabschneider,
nun sind sie alle gleich.
Sie sind alle über einen Kamm geschoren,
das ist doch wunderbar.
Wer früher groß und mächtig war, jetzt ist er unsichtbar.
Ob sie in Frieden ruhen, das nehme ich wohl an,
weil mit so viel Erde überm Kopf sich niemand streiten kann.

Der Teufelskreis

Wir fressen uns zu Tode,
mit Schaum und Speck und Schokoriegel.
Dazu noch Big und Mac und Zeug aus irgendwelchem Tiegel.
Wir füttern in uns rein, was gar nicht rein gehört.
Wir machen es der Werbung nach, deshalb uns das nicht stört.

Soletti, Popcorn und sonst noch so ein Fraß,
im Kino, am Fußballplatz, das stopft man ohne Unterlass.
Ein Bierchen noch, dazu den Rum,
man sagt „das geht im Kopf herum."
Die Bäuche werden dicker, der Hintern ist kein Honiglecken.
Der lässt sich mit der Kleidung kaum jemals mehr verstecken.

So mancher von den Dingern strahlt fette Beute aus.
„ Wir gönnen uns ja sonst nicht viel,
drum leben wir in Saus und Braus!“
Ein Tanga geht noch drüber, ein Hoch der Dehnungsqualität.
Wenn der auch mal den Dienst versagt,
dann ist es wohl zu spät.

Was schert uns die Figur, egal ob dick, ob dünn.
Hauptsache ist noch immer, man liegt im Mainstream drin.
Was übern Bildschirm flimmert, kann so schlecht nicht sein,
denn schlechte Sachen kämen wohl
in die Werbung nicht hinein.

Übrigens und außerdem falls wirklich mal zu viel,
dann gibt es Gegenmittel, die Werbung spielt ihr Spiel.
Da gibt es Pillen, Salben, Wässerchen,
der Speck ist wieder futsch.
Doch wird man gleich erkennen, es macht nicht einfach flutsch.

Die Kilos die man angefressen, die sind die Hypothek.
Es geht was aus dem Börsel, doch nicht vom Bauch der Speck.
Dann sieht man in der Werbung so manchen rank und schlank.
Man ist selber dick und fett, die Eifersucht macht krank.

Man holt sich wieder Salben aus irgendwelchem Tiegel
und glaubt man ist schon gertenschlank,
doch grausam ist der Spiegel.
Alle Spiegel aus der Wohnung, kein Blick mehr dahinein.
Man sieht nicht mehr die Wülste, man kann sich wieder freun.

Doch alle Spiegel zu verhängen, dort draußen außer Haus,
das wird dir nicht gelingen.
Dort bewegen sich die eigenen Massen,
es ist zum Händeringen.

Wie aus der Klemme kommen? Mich darf man hier nicht fragen.
Ich weiß es selber nicht, ich kann es euch nicht sagen.

Mein Spiegelbild

Ich stell mich mal so vor euch hin,
so dass es meiner Meinung reicht.
Ihr könnt von mir ein Bild erstellen,
mich einzuordnen ist dann leicht.
Ich bin nicht groß, ich bin nicht klein,
so wie ich wurd geschaffen, muss ich zufrieden sein.

Papier und Schreiber, das sind nun meine Waffen,
die setz ich ein, so gut ich kann,
mach Stiche hier, mach Hiebe dort. Ich eck auch an,
das ist verschiedentlich jedoch von Ort zu Ort.
Ich kämpf mich durch von Wort zu Wort.
Hab niemals eine Waffe noch besessen,
mit der man physisch sich verletzt.
Habe nie mit meiner Faust einen Hieb damit versetzt.

Bin lammfromm und bin friedlich,
doch in mir schlummert auch ein Feuer.
Wer Unrecht an mir übt, dem kommt sein Handeln teuer.
Wohlstand interessiert mich nicht,
ich möcht noch was bewegen.
Ein wenig ungeduldig bin ich oft deswegen.

Mein Wirken ist darauf bedacht, was ich noch alles kann.
Wer nur an die Macht des Geldes glaubt
der dockt nicht bei mir an.
Wenn andere von Profit nur reden, da mach ich lieber Pause.
Da fehlt mir schlicht der Sinn dafür, da bin ich ein Banause.

Mein Leben ist ein Auf und Ab, ich tanz auf vielen Bühnen.
Ich mach es mir oft selber schwer, oft muss ich dafür sühnen.
Von der Geburt an bis zum heutigen Tag
zieht es sich lang schon hin.
Jetzt hab ich mich nackt hingestellt.
Ich bin nur was ich bin.

Abrechnung

Ich war zu lange auf dem falschen Weg, das sehe ich nun ein,
doch jede Richtungsänderung wird wohl zu spät jetzt sein.
Ich konnte niemals tun, was Freude hätt gemacht,
tat immer nur die Pflicht.
Dass ich das so lange durchgehalten,
das begreif ich heute nicht.

Ich hab den Weg mir selbst gewählt,
sah nicht die anderen Wege.
Eine Zeitlang hab ich gar geglaubt, dass ich dort richtig läge.
„ Ich wär so gern, ich hätt so gern",
das war mir viel zu lange fremd.
Immer war der Mantel näher, als mir mein eigenes Hemd.

Pflichterfüllung, Sorge tragen, für jene die mir anvertraut.
Ich fühlte mich ganz unbehaglich, nicht wohl in meiner Haut.
Trotz meinem Einsatz für die Nächsten
wurde ich allzu oft verkannt
und manche haben mich verschiedentlich als Egoist benannt.

Das tut mir weh, ist ungerecht, trotzdem trag ich es nicht nach.
Doch jetzt, nachdem viel Zeit vergangen,
sind meine Sinne wach.
Ich seh den Weg den ich vermied, auf dem ich noch nicht war.
Jetzt noch diesen einzuschlagen sind die Möglichkeiten rar.

Versäumte Chance ist verlorene Chance,
das Leben ist nicht lang genug.
Somit übte ich von Anfang an, an mir selber den Betrug.

Ich hab nichts aus mir gemacht,
nichts, worüber zu reden es sich lohnt.
Ich hab nur Stein auf Stein geschlichtet,
mehr hab ich nicht gekonnt.

Ich hab nichts vollbracht, was mich befriedigt,
was meinen Geist zur Ruhe kommen lässt.
Nichts was mich versöhnlich stimmen würde
auf des Weges letzten Rest.

Ich hab nichts zum Wohl der Menschheit beigetragen,
das Gegenteil war oft der Fall.
Das würd ich gerne besser machen,
doch es gibt kein nächstes Mal.

Ich hab nichts geschafft, was bleibt,
wovon die Nachwelt von mir zehrt.
Ich hab auch kaum was vorzuweisen,
nichts was mein Dasein ehrt.

Habe kaum jemals große Not gelindert,
nur an meine kleine Welt gedacht.
Hab nur gekämpft ums Überleben,
hab nie was Größeres gemacht.

Habe immer nur im Teich gebadet,
nie schwamm ich noch im Meer.
In dem Buch, wo die großen Taten stehen
sind die Seiten ziemlich leer.

Mein Kontostand der großen Dinge, der ist nicht von Belang.
Ich nur das Liedchen „ Hänschen klein“, nie große Opern sang.
Daran noch was zu ändern, dazu fehlt mir der Verstand.
Obwohl ich schon lange lebe, leb ich im Niemandsland.

Bin ohne Namen, unbekannt,
nichts weißt auf mein Erdendasein hin.
Die Welt wird sich genauso drehen, wenn ich gestorben bin.

Das Karussell

Zu weich, zu hart, zu groß, zu klein,
zu jeder dieser Möglichkeit, soll man das Rechte sein.
Solang man in den Kinderschuhen läuft,
ist man für vieles noch zu klein.

Die Jugend kommt, die Pubertät, das ist ein schwerer Kampf.
Die Eltern und die Lehrer bezeichnen ihn als Krampf.
Man glaubt man ist, doch ist es nicht,
da betrügt dich oft der Schein.
In dieser ungewissen Zeit will man schon älter sein.

Das Elternhaus wird nun verlassen,
es verliert nun seinen Wert.
Wenn jemand dich mit „Sie“ anspricht,
fühlst du dich schon geehrt.

Zu weich, zu hart, man weiß nicht wie man soll.
Der Kopf, das Herz und die Vernunft, die sind von Zweifeln voll.
Zu alt, zu jung, es kommt die Zweisamkeit.
Die erste große Liebe bringt Würze in die Zeit.

Zu klein, zu groß, das ist hier nicht die Frage.
Wenn etwas passt dann ist es gut, das sieht man alle Tage.

Das Leben rennt, die Zeit enteilt, wo reiht man sich nun ein?
Zu stark, zu schwach, nie wird man richtig sein.

Das Leben spielt nun Karussell,
mal zu langsam, mal zu schnell.
Tagtäglich wird man konfrontiert,
ist gezwungen zu entscheiden.
Richtig oder falsch bringt Freude oder Leiden.

Wie man auch entschieden hat, hinterher ist es zu spät.
Man muss auch Falsches akzeptieren,
wenn es nicht anders geht.
Das Leben ist ein Wellengang, du tauchst zu tief,
du springst zu hoch.
Wenn Traurigkeit wär angezeigt, bist du über drüber noch.

Das Alter schleicht sich an dich ran,
das ist leider viel zu schnell.
Du wirst nun einfach transportiert, du sitzt im Karussell.
Jetzt fliegt die Welt vorüber, die Tage hinterher.
Voll Sehnsucht denkst du auf dem Karussell:
„Schön, wenn man jünger wär."

Die Lasten, die mich drücken

Wer nimmt mir die Gewichte ab
die auf meinen Schultern ruhn.
Ich sehe was zu ändern wär, kann dagegen wenig tun.
Die Last, die ich beschreibe, ist für andere nicht zu sehen.
Doch mich drückt sie schier zu Boden,
in die Knie muss ich gehen.

Da sagt man mir: „Was kümmert dich die Welt?
Leb einfach nur dein Leben, so wie es dir gefällt!“
Das ist zwar gut gemeint, doch entspricht nicht meiner Lage.
Wieder drückt die große Last, von vorn beginnt die Plage.

Ich trag das Los des Flüchtlings mit, mich drückt der Terrorist.
Der einen Schwarzen niederschießt, der brutale Polizist.
Die Menschenmassen die eingesperrt, im Gaza Ghetto sind.
Die Babys die man abgetrieben, das nie geborene Kind.

Jene die verzweifelt in den Folterkammern schrein.
Ich würde dort zu Hilfe eilen, doch kann ich nicht hinein.
Auch jener Häftling der sein Leben lang im Käfig sitzt gefangen,
für eine Schreckenstat, die er im Leben nie begangen.

Ich trag die Lasten mit für jene, die der Hurrikan vertrieben
und jene armen Menschen, die verschüttet sind geblieben.
Ich trage schwer am Unglück jener
die am Gesetz zerbrochen sind
und jenen Kindern, die zwar geboren werden,
doch nicht sehend, sondern blind.

Ich trage auch die Not der Frauen,
weil der Mann ihr jeden Wunsch verbietet
und jener armen Kerle, die im Armenhaus sind eingemietet.
Was ich kaum ertragen kann, das sind die Kriege in der Welt
und die Not der bedauernswerten Menschen
denen das Geld für Nahrung fehlt.

Der Klimawandel drückt mich schwer, das ist ein schweres Los.
Auch die Last der Umweltsünden ist nicht minder groß.
Angesichts der großen Lasten kann ich mich kaum entfalten.
Ich muss meine Kräfte schon auf Reserve schalten.

Da gibt es noch Lasten an der Zahl,
die kann ich nicht benennen,
doch so mancher der ähnlich fühlt wie ich,
wird sie sicher kennen.

Ich schlepp schon manche Last herum,
was kann ich noch ertragen?
Fall ich mir selber schon zur Last,
müsst ich mich jetzt schon fragen.

Gewissen bereinigt

Wie find ich heut die Welt so schön,
wie schon lange nicht empfunden.
Ich hab nach Tagen Trübsal blasen,
meine Ruhe heut gefunden.
So wie es ist, so soll es bleiben, für eine längere Zeit.
An diesem Zustand festzuhalten, bin ich fest bereit.

Obwohl es draußen neblig ist, scheint die Sonne in mein Herz.
Ich bin zwar nicht der Jüngste mehr,
doch heut fühl ich keinen Schmerz.
Ich hab schon lang nicht mehr gejauchzt,
heut hol ich alles nach.
Die Hektik lass ich abgelegt, alles schön gemach, gemach.

Ich könnt ein Liedchen trällern,
falls mir die Stimme nicht versagt.
Gott sei Dank hört niemand zu, hab zu mir selber ich gesagt.
Da klingelt es an meiner Tür, eine Frau steht da mit einem Kind.
Einen Zettel hat sie in der Hand,
reicht ihn her zu mir geschwind.

Ich les die Zeilen, handgeschrieben, die Schrift ist kinderhaft.
Was ich nun darauf lesen kann, mir keine Freude schafft.
Wie es aussieht, spricht sie nicht die Sprache
die uns verbinden könnt.
Zu solchen Menschen fair zu sein, hab ich mir angewöhnt.

Am Zettel steht zu lesen: „ Helfen, Ungarn, Frau und Kind,
kein Brot in Ungarn, Mann ist blind!"
Was geht mir alles durch den Kopf, in Sekunden bin ich wach.
Wenn ich in Kinderaugen sehe,
dann werd ich einfach schwach.

Ist das hier ein böses Spiel oder ist es Realität,
was mit ungeschickter Hand geschrieben
auf diesem Zettel steht?
Die halbe Welt ist auf der Flucht, vor Bomben und Granaten.
Sie flieht in andere Länder vor diesen Schreckenstaten.

Hier steht die Frau vom Nachbarland, wie sie mir hier vermittelt.
Die Bettelei von Tür zu Tür, hab ich schon oft bekrittelt.
Sie abzuweisen mag ich nicht, es könnte grausam sein.
So zeige ich mit einer Handbewegung:
„ Komm doch zu mir herein!"

Sie versteht mich scheinbar nicht
oder will mich nicht verstehen.
Wie es den Anschein hat, will sie nicht in fremde Häuser gehen.
So greif ich in mein Portmonee und geb ihr einen Schein.
Sie soll, auch wenn sie mich belügt, damit zufrieden sein.

Als beide fort sind frag ich mich, ob ich das für mich bringe
und in meiner Not vor fremde Türen ginge?
Jetzt bin ich in Gedanken, was treibt die Frau dazu?
Verflogen ist die gute Stimmung, verflogen meine Ruh.

Falls sie mich hat abgezockt, mit einer krummen Tour,
so ist sie über alle Berge, hab verloren ihre Spur.
Ach was, zum Kuckuck, mein Gewissen ist bereinigt,
denn mit einem einzigen Schein
hab Hilfsbereitschaft ich bescheinigt.

Der Egoist

Spätsommerwärme flimmert auf mich nieder,
die wärmt mein Herz und meine Glieder.
Ich breit mich aus, nehm in Besitz,
die Strahlen die mich wärmen.
Ich will sie nur für mich allein, die Wärme,
von der so viele schwärmen.

Meinem Nachbarn schick ich Schatten rüber,
die Sonne gönne ich ihm heute nicht.
Der soll sich dort im Schatten räkeln,
ich behalt für mich das Licht.
Das Radio dreh ich ab, in die Zeitung schau ich gar nicht rein,
denn was ich dort vernehmen könnte,
könnte was Grauenvolles sein.

Den Gartenzaun habe ich verriegelt, das schützt vor Bettelei,
denn immer öfter kommt in letzter Zeit
so mancher Lump vorbei.
Ich bin ich, nur dieses zählt, ich bin das Maß der Dinge.
Ohne meine Geisteskraft Entscheidendes nicht ginge.

Ich fühl mich heut so groß und stark,
wer reicht noch zu mir ran?
Mensch und Vieh und Groß und Klein zieh ich in meinen Bann.

Was hat der Schöpfer da geleistet,
als ich bin auf die Welt gekommen.
So vieles ist ganz miserabel, davon bin ich ausgenommen.

Ich hab ein Heim, schön warm und weich, mit Seide ausgelegt.
Dass daraus niemand etwas nimmt, darauf acht ich unentwegt.
Ich bin bestimmt ein guter Mensch,
doch um andere kümmere ich mich nicht.
Mir deren Sorgen anzuhören, das ist nicht meine Pflicht.

Die Not der Menschen auf der Flucht, die blend ich einfach aus
und steht ein Flüchtling vor der Tür, lass ich ihn nicht ins Haus.
Da jammert man von Endzeitstimmung,
das ist ein schlimmes Zeichen.
Ach was, so lang ich leben werde, so lange wird es reichen.

Dass ich vielleicht auch einmal sterben werde,
das behalt ich noch für mich
und sollt ich trotzdem einmal sterben,
dann bedeutet das durch meine Rechnung einen Strich.

Zufall

Da trifft man sich nach fünfzig Jahren, per Zufall, unverhofft.
Der Zufall spielt verrückte Sachen, ohne Rücksicht viel zu oft.
Ich denk an meine erste Liebe,
ich war ein Knabe, grün und dumm.
Seit dieser kleinen Liebelei sind fünfzig Jahre um.

Der Zufall hat sie nun her gespült, vor mir steht eine Frau.
Ich seh nur Falten und nur Wülste, wohin ich gerade schau.
Mein Gott, das ist ein Kahlschlag an der Jugend,
es ist einfach grauenvoll.
Ich denke noch daran wie sie mich küsste, das tat sie liebevoll.

Die alte Frau, die vor mir steht ist ziemlich abgeblüht,
das ist ein schlimmes Zeichen.
Ich denk das ist ein Trugbild, doch es will nicht von mir weichen.
Ich nehm die Hand die sich mir bietet,
sie fühlt sich an wie Trauer.
In demselben Augenblick durchrieselt mich ein Schauer.

Sie sagt: „Das ist ein Zufall, die Überraschung ist gelungen!"
„Sehr erfreut", hab ich gesagt, doch es hat ganz leis geklungen.
Ich hab von diesem süßen Mädel geträumt so manche Nacht.
Ich lag mit ihr im grünen Gras und hab Pläne schon gemacht.

Ich getraute mich sie dort anzufassen
wo kein anderer hätte sollen.
Wir wollten beide Liebe spüren,
ja, es blieb nicht nur beim Wollen.
Jetzt bin ich überfordert, ich find den Faden nicht.
Ich frage mich ganz insgeheim, welche Karte sticht?

Soll ich so tun, als wär ich fremd,
als hätt ich alles schon vergessen?
Wie dies und das und jenes, vor fünfzig Jahren ist gewesen.
Ein Geistesblitz durchzuckt mein Hirn,
was wird sie von mir denken?
Ich soll doch erst mal höflich sein,
ich will sie doch nicht kränken.

Sie schaut ein bisschen irritiert, was sagt ihr Blick wohl aus?
Sieht sie genau wie ich, in die Vergangenheit hinaus?
Vor ihr steht jetzt ein alter Mann, heut nicht mal frisch rasiert.
Vielleicht denkt sie gerade so wie ich: „ Wie hab ich mich geirrt".

Dieser alte Knacker kann keinesfalls derselbe Jüngling sein,
der mich damals hinbegleitet in die Seligkeit hinein.

Von dem ich träumte Tag und Nacht, bei Sonne und bei Regen.
Wie hab ich ihn so heiß geliebt,
wie die alten Briefe noch belegen.
Als wir beide uns gefangen, vom Zufall uns erholt,
da waren nach dem ersten Schrecken,
die gröbsten Steine weggerollt.

Wir kamen zu der Einsicht:
Träume sollte man per Zufall nicht erwecken.
Es liegt schon zu viel Zeit dazwischen
auf kurvenreichen Strecken.

Den Zufall sollte man verbieten, weil er Träume oft zerstört.
Nach fünfzig Jahren Wiedersehen, ist das meist unerhört.
Die Träume sollten dort verbleiben,
in der längst vergangenen Zeit.
Die Überraschung steht in den Gesichtern
und beruht auf Gegenseitigkeit.

Helden gesucht

Einst hatt ich vor, ein Held zu sein,
wie Siegfried mit dem Schwert.
Kettenhemd und Harnisch tragen,
das schien es mir schon wert.
Was Siegfried damals hat vollbracht
das wollt ich auch vollbringen.
Die bösen Ritter zu bekämpfen und mit dem Drachen ringen.

So ging ich auf die Suche nach Ritter und nach Drachen.
Als ich nach beiden fragte, hörte ich nur lachen.
„Heut gibt es keine Ritter mehr, weder böse, weder gut.
Ein Ritter in der heutigen Zeit, nichts mehr zur Sache tut.

Ja Drachen, doch die gibt es, das leuchtet uns schon ein,
die haben wir zu Hause in unserem trautem Heim.
Die Auskunft war nicht sehr ersprießlich,
ich wunderte mich sehr.
Keine Drachen, keine Ritter, darüber wollt ich wissen, mehr.

Wo sind sie hin die Lichtgestalten
und Drachen mit dem Feuerzahn,
worüber so manches Märchen und Legende sich entspann?
Ein Held braucht doch ein Gegenstück,
sonst ist er selbst nichts wert,
dann kann er nur alleine reiten, auch verkehrt herum am Pferd.

Dann ergeht es ihm so wie unserem Helden,
dem strammen Don Quichote.
Dann kämpft er gegen Windmühlflügeln, vergeblich, sapperlot.
Ich habe lang gesucht, hab nichts gefunden,
doch so schnell geb ich nicht auf.
Dass ich missverstanden werde, das nehm ich auch in Kauf.

In der Welt, in der ich suchte, war nichts davon zu finden.
Keine Ritter, keine Helden, aus irgendwelchen Gründen.
Nur Drückeberger, Leinenhalter, von Feuer keine Spur.
Nur Schreibtischtäter, Wendehälse und Applaudierer nur.

Was hab ich alles abgesucht,
an meinem Einsatz hat es nicht gefehlt.
Überall nur leere Hülsen, doch nirgendwo ein Held.
Die Helden sind uns ausgegangen, was für ein wahres Wort.
Ich friste hier mein Dasein, zur falschen Zeit am falschen Ort.

Dass ich nichts finden werde, hab ich mir fast gedacht,
denn Helden werden nicht geboren,
Helden werden nur gemacht.

Das Ebenbild

Was hat der Schöpfer sich gedacht,
als er den Menschen hat gemacht?
Nach seinem Ebenbilde, wie man es so kennt,
nach der Überlieferung aus dem Alten Testament.

So ist der Mensch entstanden, so kleinkariert und dumm,
mit allen seinen Mängeln und Fehlern rundherum.
Warum ist er gewaltbereit, warum will er nicht den Frieden?
Er hat nie in all der Zeit für das Gute sich entschieden.

Der Mensch ist grausam, ist auf seinem Vorteil nur bedacht.
Das hat ihn bis zum heutigen Tag
fast bis zum Untergang gebracht.
Das Ebenbild zeigt scharfe Züge, darin gibt es kein Erbarmen.
Nicht mit den Brüdern, die geknechtet sind,
nicht mit den Alten, mit den Armen.

Die Regel lautet landauf, landab, die eigenen Interessen
mit aller Kraft, mit aller Macht den andern abzupressen.
Das Ebenbild sagt alles aus, über den Schöpfer der erschaffen,
auch wenn der Mensch hervorgegangen ist
vom frühen Menschenaffen.

Die Affen sind sonst friedlich, falls sie nicht angegriffen.
Wer hat dann dem Menschen die bösen Kerben eingeschliffen?
Wenn der Schöpfer gut und edel ist, warum nicht sein Produkt?
Das kennt nicht, was die Wahrheit ist
und lügt meist wie gedruckt.

Das Ebenbild gibt mir zu denken, soweit ich das verstehe,
soweit ich in der Weltgeschichte bis Moses rückwärtsgehe.

Wenn im Buch der Bücher stimmt, was dort verkündet ist,
dann weiß ich nicht zu sagen, wie man Gerechtigkeit dort misst.

Das Ebenbild seh ich vor mir, tagein, tagaus zu Hauf.
Ich sehe keine Götterzüge, die Rechnung geht nicht auf.
Der Schöpfer hat den Mensch erschaffen,
doch das scheint ihm nicht geglückt,
denn in sein Ebenbild hat er versehentlich
ein falsches Gen gedrückt.

Oder war das so durchdacht, war es seine Strategie?
Dass der Mensch sich von selber bessert, ist blanke Ironie.
Ich hab nun eine Überlegung, verzeiht mir wenn ich richte,
wenn ich nicht glaubhaft finde die Testament Geschichte.

Wenn der Mensch das Ebenbild seines Schöpfers sollte sein,
dann fällt das Alte Testament in die Fabelwelt hinein.
Andererseits, soweit die alten Schriften ich verstehe,
war er seinem Volke zugetan, den andern drohte er mit „wehe!“

Der Schöpfergott im Alten Testament, oft saß er zu Gericht.
Sein Volk sah er mit Wohlgefallen, die anderen wohl nicht.
Das Ebenbild gibt mir zu denken, wer soll ebenbildlich sein?
Aus der Geschichte mit Gott und Mensch
mach ich mir keinen Reim.

Damals – Heute

Nichts ist mehr wie es früher war,
so heimelig, so unverdorben.
Auch früher hat man zur rechten Zeit
für Weihnacht schon geworben.

Da war die Landschaft dunkel, bereits am Nachmittag um vier.
Nicht so hell erleuchtet, wie heute hier bei mir.

Bei Kerzenschein hat man gebetet,
mehr Beleuchtung gab es nicht.
Ich kann mich noch erinnern, wie die Stube hat erleuchtet
nur ein Petroleumlicht.
Ums Haus hat sich der Wind geschlichen,
der Schnee lag einen Meter hoch.
Auch dass wir oft gefroren haben, daran denk ich öfters noch.

Die Weihnacht rückte näher, ich hab die Tage schon gezählt.
Bald haben wir in unserem Wald den Christbaum ausgewählt.
Für Geschenke war kein Geld vorhanden,
die Welt war damals arm.
Draußen war es bitterkalt, doch in der Stube war es warm.

Jedoch Blumen hatten wir im Haus genug,
doch nur aus Eis auf unseren Fensterscheiben.
Mangels an Bekleidung mussten wir oft tagelang
drin in der Stube bleiben.
Es lag was in der Luft, das spürten wir schon bald.
Ganz heimlich holte unser Vater das Bäumchen aus dem Wald.

Geheimnisvoll war nun der Mutter Tätigkeit
bis in die Nacht hinein.
Da stand er nun am Heilig Abend, der Baum im Kerzenschein.
Was damals uns so froh gestimmt, war ehrlich wohl gemeint.
Da standen wir im Kreis herum, um das Bäumchen nun vereint.

Weihnacht war es damals und ist es auch noch heute.
Doch wie hat er sich verändert der schöne Brauch, ihr Leute?

Ich muss es euch nicht sagen, ihr wisst es selber so.
Ist ein Kind am Weihnachtsabend
nur mit einem Bäumchen auch noch froh?

Was hat sich so verändert von damals an bis heute?
Werden nicht die Wünsche schon vorher aufgetischt
in voller Bandesbreite?
Damals war nur Weihnacht und rundherum war nichts,
Wir haben uns gefreut darauf, um des Festes, Angesichts.

Nichts ist mehr wie es früher war,
man ist auch selbst nicht mehr wie einst.
Du wirst sicher Recht mir geben, wenn du es ehrlich meinst.

Die Hoffnung im Wandel der Lebenszeit

Einst war ich froher Hoffnung, nicht so, wie ihr das denkt.
Ich war nur froher Hoffnung, dass man mir etwas schenkt.
Was ich erhofft, ist nicht eingetroffen, ich wart noch heute drauf.
Ich muss wohl immer weiter hoffen,
ich geb die Hoffnung noch nicht auf.

So lang ich hoff, bin ich am Leben, ist die Zuversicht mein Halt.
Statt Geschenke wird es Hoffnung geben
und schön langsam werd ich alt.
So lang ich lebe, werd ich hoffen,
dass dies und jenes auch geschieht.
Die eine Frage lass ich offen: Wann die Hoffnung mir entflieht?

Ob die Hoffnung mich verlässt, das wird die Zeit schon zeigen.
Doch immer einen kleinen Rest davon nenne ich mein eigen.
Hoffen werde ich in der Zeit, die meine Lebensspanne ist.
Ich hoffe, dass das Ende weit, nicht endet in der kurzen Frist.

Was ich erhofft, war mir geschenkt,
die Lebensspanne ist gemeint.
Es kommt oft anders als man denkt,
doch jetzt sind Geschenk und Wunsch vereint.

Jetzt ziehe ich ein kurzes Resümee,
die Lebensspanne ist mein Eigen.
Ob ich schon vor dem Ende steh, das wird die Zeit mir zeigen.
So ändert sich was man erstrebt, so hofft man in der Zeit.
Die Einsicht kommt, dass man nicht lebt bis in die Ewigkeit.

Schwacher Trost

Du lernst ein Mädchen kennen,
das ist gut zu dir und fein.
Wie Herz und Pulsschlag rennen,
wer denkt schon ans gestorben sein?

Du baust Häuser auf für Zeiten,
die noch später werden sein.
Dir wird man Heil und Ehr erweisen,
nur musst du erst gestorben sein.

Deinen Ratschlag willst du weitergeben,
doch niemand will sein Ohr dir leihn.
Du giltst nicht viel in deinem Leben,
du müsstest erst gestorben sein.

Du hast gebaut und hast geschlichtet,
noch spät bis in die Nacht hinein.
Hast damit nichts ausgerichtet,
denn du müsstest erst gestorben sein.

Den Kranken und den Armen
gabst du Unterkunft und Heim.
Hat der Herrgott auch Erbarmen?
Dazu musst du erst gestorben sein.

Nun stehst du schwer in Nöten,
dich quälen Schmerz und Pein.
Die Beziehung geht in Flöten,
deshalb willst du bald gestorben sein.

Was bringt Erholung dir vom Leiden?
Worüber kannst du dich noch freun?
Lässt der Tod sich nicht vermeiden,
dann willst du gleich verstorben sein.

Nun wirst du Glanz und Glitter schauen,
du siehst in das Himmelreich hinein.
Du glaubst deinen Augen nicht zu trauen,
nur musst du erst gestorben sein.

Du hast selber dir ein Ziel gesteckt,
bis hierher und nicht weiter.
Da hat der Tod dich aufgeschreckt
und ist dein Wegbereiter.

Mein Lebenslauf

Als ich bin auf die Welt gekommen, vor Jahren ohne Zahl,
da war ich wie benommen, denn die Welt war kalt und fahl.
Ich musste erst die Richtung finden,
wo vorne ist, gewissermaßen.
Das ist das Gegenteil von hinten,
damit war nicht zum Spaßen.

Die Orientierung war ein schweres Stück,
meistens war ich irritiert.
Oft hab ich nicht bemerkt, weil ohne Glück,
was hinten ist passiert.

So ging auch schief so mancherlei,
bis hin zum Jahre zehn.
Da war auch schon Vernunft dabei,
die hab ich schon gesehn.
Es ist ein Jahr vergangen und wieder eins dahin.
Schon war ich schier gefangen in meinem Alltag drin.
War fröhlich ich und witzig zu jeder Jahreszeit.
Heut bin ich nicht mehr hitzig und noch lange nicht gescheit.

Mein Leben hab ich frei gestaltet,
war einmal oben, einmal unten.
Die Tage hab ich streng verwaltet,
so auch die schönen Stunden.
Jetzt zieht Kälte auf und Nebel, ich bin entsetzt, oh Graus.
Ich spür schon einen Knebel, bald lischt das Feuer aus.

Die Zeit läuft nun dahin, wie ein Schatten vor mir her.
Oft denk ich eines schon: „Schön, wenn ich jünger wär."
Jetzt ist die Zeit wie später Wein,
so würzig und so süß.
Was alt ist, kann auch wertvoll sein,
doch wie lang, ist ungewiss.

Weil

Die Welt ist so, wie sie nun ist, wo Grausiges passiert.
Wo man mit zweien Maßen misst,
weil der Mensch darauf regiert.

Wo allzu viele, Schmerz erleiden
und so mancher Schaden nimmt.
Gar nicht will man es vermeiden,
weil der Mensch es so bestimmt.

Ein Wort ist nicht ein Wort, es sagt nicht gleiches aus.
Man betrügt sich weiter fort,
weil man nichts lernt daraus.

Es reiht sich Krisenherd an Krisenherd,
sie umspannen schon die Welt.
Heut ist der Friede nichts mehr wert,
weil die Tugend nicht mehr zählt.

Der Kriege gibt es viel zu viele, wo Menschen dafür bluten.
Neue Gräben sind die Ziele, weil die alten überfluten.
Ein Sündenpfuhl ist diese Welt. Über Unrecht soll man schelten.

Nur wenige besitzen Geld, weil die Regeln nicht mehr gelten.
Korruption und Packelei beherrscht die Erde weit.
Dazu kommt heut noch allerlei,
weil man davon sich nicht befreit.

So wie er mit dem Feuer spielt, so wird es ihn verzehren.
Er weiter raubt und weiter stiehlt,
weil er will sich nicht bekehren.

Im Glaubensbuche wird verkündet, du sollst nicht töten, quälen.
Doch das niemand heut mehr bindet,
weil die Glaubenssätze fehlen.

Der Mensch ist unverbesserlich, im Grunde schon verloren.
Er nicht ändert und verbessert sich,
weil schon fehlerhaft geboren.

Der Herrgott schickt ein Strafgericht, hernieder auf die Welt.
Diese Drohung stört den Menschen nicht,
weil die Einsicht dazu fehlt.

Kommt hernieder Pech und Feuer,
dann ist der Mensch zunichte.
Dann leidet er ganz ungeheuer,
weil dann die Menschheit ist Geschichte.

Der Herrgott sieht hernieder, auf das was er zerstört.
„Einen Menschen schaff ich nie mehr wieder,
weil der hat nicht auf mich gehört."

Wie viele Zentner wiegt die Not?

Wie viele Zentner wiegt die Not, weil sie so entsetzlich drückt?
So mancher arme Schlucker
hat sie sich huckepack zurechtgerückt.
Er schleppt und schleppt, kommt nie ans Ziel,
vergeblich alle Müh.
Er rackert sich bis in die Nacht, auch schon am Morgen, früh.

Was er ersehnt, das wird ihm nicht gelingen.
Schwere Arbeit tagein, tagaus wird keine Früchte bringen.
Wie er sich auch bemüht, die Not klebt förmlich an ihm fest.
Die schwere Last auf seinem Rücken
ihn nicht zur Ruhe kommen lässt.

Es sieht so aus, als hätt er sich daran gewöhnt,
was er schleppt so huckepack.
Auch bekommt er öfters noch zu tragen
so manchen schweren Sack.
Er ist wie ein Esel duldsam, man hört ihn kaum mal lästern.
Er ist schon froh, wenn er heut zum Essen hat,
ein wenig mehr als gestern.

Er klagt nicht an des Schicksals Macht,
obwohl die Not ihn drückt.
Trifft ihn mal ein Sonnenstrahl, reagiert er ganz verzückt.
Der arme Schlucker und die Not, die sind ein Zweigespann.
Doch mit diesem Zweigespann allein,
kommt er nicht weit voran.

Reich und Groß und Schön, bleiben für ihn unerreicht.
Dafür sind für die Reichen die Lasten federleicht.
Bescheidenheit ist eine Zier, das sagt der reiche Mann,
weil er dem armen Schlucker nicht in die Augen sehen kann.

Wenn der Reiche mal in Not gerät, dann ist das unerträglich.
An des armen Schluckers Lebensstil scheitert er dann kläglich.
Wie viele Zentner wiegt die Not
für Groß und Klein für Arm und Reich?
Jeder trägt sie huckepack, doch sie sind nicht alle gleich.

Der arme Schlucker ist der Träger der zentnerschweren Last.
Der hat sie, als er geboren wurde, für sich schon ausgefasst.
Es nützt nichts, diese abzuschütteln, die Last ist an geerbt.
Die Gewichte sind auf Lebenszeit bei ihm schon eingekerbt.

Gewicht und Not und huckepack,
das ist des armen Schluckers Welt.
Da wird ihn niemand fragen, ob es ihm gefällt.
Wie viele Zentner wiegt die Not?
Die Antwort bleibt jetzt ausgeklammert.
Der Maßstab dafür könnte sein, wie laut er darüber jammert.

Gleich viel wert

Der Tisch hat sich vom Stuhl getrennt, nach langen Ehejahren.
Der Stuhl soll ihn betrogen haben, das hat er nun erfahren.
Nun ist er wütend und enttäuscht, seine Ehre ist gekränkt.
So einfach ist die Sache nicht, wie es der Stuhl sich denkt.

Sie gehen nun getrennte Wege, der eine da, der andere dort.
Wenn der Stuhl nach Hause kommt,
dann geht der Tisch schnell fort.
Gemeinsamkeit ist ihnen fremd, was lange Regel war.
So kann es auch nicht weitergehen, das ist nun beiden klar.

Zum Tisch setzt sich nun niemand hin,
es fehlt die Sitzgelegenheit.
Der Stuhl war auch den Tisch gewöhnt, seit ewig langer Zeit.
Da kommt eines Tages das Gericht,
man räumt die Wohnung leer.
Die alten Möbel holt, des Ortes Feuerwehr.

Da stehen nun die alten Möbel in ihrem Ausgedinge,
zwischen allerlei Gerümpel und unbrauchbarer Dinge.
Da sagt der Tisch zum Sessel: „Jetzt hör mal leise zu,
ich bin jetzt auch so wenig wert, genau so viel wie du.

Ich verzeih dir deinen Seitensprung, ich geb mir keine Blöße.
Verzeih auch du mir mein Verhalten und zeige wahre Größe.
Nun hatten sie sich wieder lieb, weil beide ohne Wert.
Wenn die Menschen auch so handeln würden,
das wäre nicht verkehrt.

Tag und Nacht

Der Morgen aus der Nacht erwacht,
wie der Phönix aus der Asche.
Der Morgen ohne Nacht davor
ist wie ohne Henkel eine Tasche.

Die Finsternis, die Dunkelheit, die hat die Nacht beschert.
Nur durch die Finsternis bekommt der Morgen seinen Wert.
Dunkle Nacht und heller Morgen gehen beide Hand in Hand
auf einander angewiesen, vereint durch Stadt und Land.

Wie sind sie unterschiedlich, in ihrem Wesen, ihrem Walten.
Es ist auch keinesweges gleich, wie sie sich meist verhalten.
Eine Einheit sind sie trotzdem beide,
so sehr sie auch verschieden.
Wer je einmal hat die Nacht durchlebt
hat nie den Tag gemieden.

Der Mensch hat sich dran angepasst, an beider Tätigkeit.
Dunkle Nacht und heller Morgen sind je ein Teil der Zeit.
Wäre immer heller Morgen
würde der Mensch die Nacht vermissen.
Wenn er in der Nacht sich hat verschuldet,
drückt ihn morgens das Gewissen.

Man sagt oft so gedankenlos, das sagt man so daher,
mangels andrer Ausdrucksweise:
„Sie sind wie Tag und Nacht konträr“.
Es gibt Paare, die sind schon lang zusammen,
obwohl sie wie Tag und Nacht sich gleichen.
Dass sie trotzdem sich verstehen,
das ist kein schlechtes Zeichen.

Dass sie sich so ergänzen, wie Tag und Nacht es tun.
Der eine ist voll Tatendrang, der andere möchte ruhn.
Da wäre Zwietracht programmiert,
wenn nicht Eintracht sie beschützt.
Dass das Tag und Nacht passiert hat beiden meist genützt.

Tag und Nacht sind somit nicht zwei, sie sind ein Element.
So soll es auch bei Paaren wirken,
falls man sich nicht verkennt.

Ungewiss

Was du nicht kennst, kann auch nicht sein,
was du vermutest ist nur Schein.
Was nicht erreichbar ist für dein Gehirn,
vor dem ziehst du in Falten deine Stirn.

Ein Leben nach dem Tode, dann in der Ewigkeit
Oder dasselbe auf dem Mond, in allzu ferner Zeit.
Das nennst du Humbug, nennst du nur Spinnerei.
Da sei in einem kranken Hirn auch Fantasie dabei.

Es ist nicht gut für den, der solches glaubt,
sich selbst dabei die Ruhe raubt.
Was bist zu wissen du bereit, was lässt du selber zu?
Was kannst du heute glauben, bist nicht der Zweifler immer du?

Nichts Genaues weiß man nicht, es ist noch nichts bewiesen.
Es gibt viele die das sagen, gehörst du auch zu diesen?
Was weiß man schon mit Sicherheit, was steht endgültig fest?
Was brauchst du an Beweisen, das dich dran glauben lässt?

Der Tag vergeht, das Leben rinnt
in den Strom der Ungewissheit rein.
Dass der morgige noch deiner ist, wie kannst du sicher sein?
Warum hältst du an morgen fest, wo doch so ungewiss?
Wenn du nicht weißt ob du noch lebst, ist es nicht unklug dies?

Ob du mit der Mondfahrt spekulierst oder nur mit Alltagssorgen.
Du hast dein Schicksal nicht im Griff,
nicht bis zum nächsten Morgen.

Die Ungewissheit bleibt bestimmend,
sie bleibt hier und dort präsent.
Du weißt noch nicht was morgen ist,
du kennst noch nicht dein End.

Das sprechende Wörterbuch

Ich war einmal auf einem Amt,
dort wollt ich nach der Uhrzeit fragen.
Da hab ich was erlebt, das kann ich euch wohl sagen.
Die Frau am Schalter, Mitte Vierzig, die Haare streng frisiert,
die war mit ihrem Sessel hinterm Schreibtisch
gar felsenfest platziert.

Bevor ich noch den Mund auftat,
ging die Maschinerie schon los:
„ Wie heißen Sie, wo wohnen sie, was wollen sie hier bloß?
Hier haben sie ein Formular, darauf schreiben sie genau,
gut leserlich in Großbuchstaben den Namen ihrer Frau.

Was haben sie bisher gemacht und sind sie auch liquid?
Was haben sie an Unterlagen in ihrer Tasche mit?

Sind sie schon mal geschieden
oder sind sie womöglich gar noch frei?
Wie und was sie schreiben, ist bei uns nicht einerlei.

Falls sie nicht weiterwissen, gebe ich den guten Rat.
Ein Muster ihres Antrags hängt da vorne am Plakat.
Jetzt fangen sie zum Schreiben an, zu viel Zeit ist schon dahin.
Das kann ja nicht so schwierig sein, wenn ich behilflich bin.

Haben sie einen Ausweis mit, Reisepass oder Führerschein?
Ob ihre Schreiberei auch stimmt, da muss ich sicher sein.
Sind sie nicht so pingelig, so legen sie doch her.
Warum schreiben sie denn nicht, das ist doch gar nicht schwer.

Stellen sie sich nicht so an, wie ein Ochs vor dem neuen Tor.
Sie wollen mich wohl provozieren, kommt es mir jetzt so vor.
Sprechen sie nicht unsere Sprache,
dann sind sie wohl von fremd.
Übrigens es fehlt ein Knopf am Kragen, an ihrem Überhemd.

Wenn sie nicht von hier sind, dann sind sie wohl von dort.
Eine Frage noch an sie, betreiben sie auch Sport?
Das mit dem Sport, das mein ich ernst,
das ist nicht nur Schall und Rauch.
Sie halten wohl nicht viel davon, ich seh es an ihrem Bauch.

Dann bräuchte ich noch ihr Pseudonym,
nur für den Fall des Falles.
Denn ein Pseudonym sagt mir in ihrem Fall schon alles.
Mein Gott, was sind die Männer störrisch,
es ist zum Haare raufen.
Was ist denn über ihre Leber darüber weg gelaufen?

Sie sind ein Sonderfall, ich glaub ich krieg die Krise.
Hier im Amt hat alles schnell zu gehen, das ist hier die Devise.

Wozu hab ich denn das verdient, mich hier so abzumühen?
Mir kommt so vor, ich befasse mich tagtäglich
nur mit Ochsen und mit Kühen.

Haben sie ein Konto, wenn ja, bei welcher Bank?
Waren sie im letzten Halbjahr einmal empfindlich krank?
Ich mach es kurz, die Prozedur, für sie mal kurz und bündig.
Wenn ich nicht in Eile bin, mach ich es hintergründig."

Ich reiß mich jetzt zusammen,
in meiner Not heb ich die rechte Hand.
Doch bevor ich etwas sagen kann,
sagt das Wörterbuch:„ Sind sie noch bei Verstand?
Sie bedrohen mich, was soll das werden, ich ruf die Polizei.
Jetzt ist es mit meiner Hilfsbereitschaft endgültig auch vorbei.

Das hat man nun davon von Freundlichkeit und Toleranz.
Sie verstehen mich, wie ich den Eindruck habe,
immer noch nicht ganz.
Falls sie nicht schreiben können, malen sie drei Kreuze hin.
Das ist für einen Analphabeten kurzum der gleiche Sinn."

Plötzlich schaut die Frau auf ihre Uhr:
„Mittagszeit, der Schalter ist geschlossen,
kommen sie in einer Stunde wieder", sagt sie unverdrossen.

Ich bin hier nicht zu Wort gekommen,
doch das ist nicht mehr Not,
denn es ist zwölf Uhr mittags, es ist Zeit fürs Mittagsbrot.
Ich stand wohl eine Stunde hier, in der Hand drin ein Gesuch.
Das hat sie mir schier aufgeschwatzt,
das lebendige Wörterbuch.

Zu spät

Als ich noch jung und knackig war, war mir alles so egal.
Was heut nicht ging,
das verschob ich gleich auf übernächstes Mal.
Mich berührte nicht die Welt, was war und ist und wird.
Auch hab ich damals oft mir die Zukunft fantasiert.
Das Leben nachher war ein rauer Wind,
nur selten war die Brise.
Zu schnell, zu viel, zu rücksichtslos, ich heute daraus schließe.

Mit der Zeit kam auch das Eingeständnis,
die Sicht für viele Dinge,
dass es mit mehr Menschlichkeit
auf der Welt wohl besser ginge.

Die Antennen hab ich ausgefahren, hab hingesehen, hingehört.
Da war zu vieles oft dabei, was empfindlich mich gestört.
Weil meine Kraft nicht ausgereicht, hab ich darunter oft gelitten.
Die Welt und ihre Mängel zu verbessern
das ist mir schier entglitten.

Ich möchte so gern, ich kann es nicht,
ich bin ein Nichts im Wind.
Unter Milliarden von Geschöpfen bin ich ein Menschenkind.
Weil ich sehe, weil ich höre und fühle obendrein,
geht mir Krieg und Not und Pein bis in mein Herz hinein.

Wenn ich verändern könnte, ich würd es spontan tun.
Ich würde schaffen, rackern, ohne auszuruhn.
Ich schaff nicht mal die kleinsten Dinge,
die sind zu fest gefahren.
Die Welt hat sich verändert, sehr in den letzten Jahren.

Oder hab ich mich sehr verändert?
Das könnt auch möglich sein.
Bin ich schon alt geworden bis in mein Innerstes hinein?
Bin ich zu weich für diese Welt, wo Geld und Macht regiert?
Wo jedes Mitgefühl die Berechtigung verliert.

Was kann ich noch verändern, das ist die große Frage?
Ich muss mir eingestehen, ich bin nicht in der Lage?
So stellen sich die Dinge dar, von Können und von Wollen.
Nochmals muss ich eingestehen,
ich hätt es früher machen sollen.

Wenn

Wenn ich um dreißig Jahre jünger wäre,
mit dem Wissensstand von heute,
dann würd ich was bewegen, ja dann ihr lieben Leute.
Auf die Barrikaden würde ich steigen,
mit dem Hammer in der Hand.
Alles Übel würde ich zerschmettern in meinem Heimatland.

Ich würde Zäune niederreißen und ebnen was nicht passt.
Ich würde offensichtlich machen was die Politik sich angemaßt.
Was ich heute nun so denke, hab ich vorher nicht gedacht.
Dass ich die Welt so kritisch sehe,
hat die Zeit mit sich gebracht.

Was ich sehe, was ich höre, das lässt mich nicht mehr kalt.
Doch dagegen wirksam einzuschreiten, dazu bin ich zu alt.
Im Leben nach der Pfeife tanzen, die von anderen erklingt,
das ist jetzt nicht mehr nötig,
man mich heute nicht mehr zwingt.

Früher war das anders, hab mich gebückt, hab mich gestreckt.
Habe mich auch manches Mal nach Gaben hin gereckt.
Heute würde ich verneinen, was man mir damals so erzählt.
Die mir was zu sagen hätten, hätte ich mir ausgewählt.

Oft packt mich noch die Wut wenn ich dies und jenes höre.
Über manche Ungerechtigkeit ich mich schier empöre.
Hätte ich heute noch die Kraft und die Kühnheit jener Tage,
dann würde ich rebellieren, das wär gar keine Frage.

Ich würde sie bekämpfen, die Üblen, von der Sorte.
ich wäre auch nicht abgeneigt,
auf ein Duell der scharfen Worte.
Ja wenn das Wörtchen „ wenn“ nicht wäre,
wären Kieselsteine Gold.
Wenn nicht alles so geschehen wäre,
hätt ich anders es gewollt.

Was nützt mir jetzt die Schwärmerei, was vorbei ist, ist vorbei.
Es nützt nicht viel mein Aufbegehren,
es nützt nicht mein Geschrei.
Wenn ich denke: „Hätt ich doch“, wie wär es dann gewesen?
Was ich früher nicht vollbracht,
das muss ich heut vergessen.

Reich und Schön

Wenn der Reichtum sich mit Schönheit paart,
sind die Kinder reich und schön.
Das Leben eines solchen Knirpses ist äußerst angenehm.
Der Papa reich, die Mama schön,
ihr Haus ist meist ein Schloss.
Den Reichtum hat man sich ergaunert, das geht nur skrupellos.

Die Mama steht am Laufsteg oben, mit der Mode von Dior.
Was andere ihr Leben lang verdienen hat sie an jedem Ohr.
Ihr Fuhrpark ist ein Stelldichein von den nobelsten Karossen.
Der Herr des Hauses verkehrt nur mehr
mit den reichsten Firmenbossen.

Das Haus in dem sie wohnen, viel besser sagt man Schloss,
ist ein Bau mit zwanzig Zimmer, ein richtiger Koloss.
Im Reitstall stehen Pferde, das sind nur Vollbluthengste.
Ihr Leben bringt nur Sonnenschein, sie kennen keine Ängste.

Man begibt sich gern zum Apres Ski nach St. Moritz und Davos
und was der Aufenthalt dort kostet, das ist für sie nur Moos.
In St.Tropez liegt ihre Yacht, so groß wie eine Häuserzeile.
Ihr Leben ist eine Hochschaubahn, ihnen fremd ist Langeweile.

Der kleine Knirps wächst nun heran,
zuerst behütet und umsorgt,
denn auch die Betreuung von dem Kleinen
hat man sich ausgeborgt.
Abgeschirmt mit einem Zaun aus Klunker und Moneten,
würde er auch gerne tun, was andere Kinder täten.

Einmal im Wald mit Kinder spielen und plantschen drin im Bach.
Das ist sein ganzes Sehnen, denn er kennt kein Ungemach.
Mit dem Fahrrad mal zur Schule fahren
wo die anderen Kinder sind.
Das erträumt er sich von Tag zu Tag, er ist ein Einzelkind.

Im Schloss ist er nicht mehr zu Haus, er ist dort einquartiert,
weil er zum Reichtum seiner Eltern den Bezug dazu verliert.
Die Jahre gehen durch die Zeit, da stellt sich bald heraus,
dass der Reichtum nicht nur glücklich macht,
daraus bricht er nämlich aus.

Er lässt den Reichtum, Reichtum sein, geht in den Untergrund.
Nur hier kann er ein Mensch noch sein,
ist sein unumstößlicher Befund.
Die Eltern sind noch reich und schön,
das ist ihm ziemlich gleich.
Er ist jetzt einer unter allen, deshalb fühlt er sich reich.

Reichtum der nicht recht erworben,
den kann er leicht vermissen,
denn jetzt lebt er sein Leben aus, mit einem ruhigen Gewissen.

Narrenkäfig

Ein Narrenkäfig ist die Welt, mit starken Gitterstäben.
Es gibt immer wieder Menschen, die den Käfig neu beleben.
So mancher drängt sich rein, als wär es sein zu Haus.
Wenn er erst mal drinnen ist, findet er nicht mehr hinaus.

Narrenkäfige überall, die gibt es in jedem Ort.
Allgegenwärtigkeit ist dafür das rechte Wort.
Wie kann man sicher sein ob man dafür geeignet ist?
Das kann ich leicht erklären, ohne jede List.

Man stellt sich dumm und kehrt sein Innerstes nach außen.
Wenn es erst mal draußen ist,
dann lässt man es gleich draußen.
Man macht verrückte Sachen, benimmt sich wie ein Flegel.
Man muss anders sein als andere, das ist die rechte Regel.

Man muss sein Maul aufreißen,
man spricht was man sich denkt.
Alle Aufmerksamkeit hat man auf sich gelenkt.

Wenn man im Narrenkäfig sitzt, soll man ein Narr auch sein,
doch besser vorher schon ein Narr,
sonst kommt man nicht hinein.

Da drinnen nützt nicht die gehobene Sprache,
die Gebärde reicht schon aus.
Grimassen schneiden, gestikulieren, das setzt man dort voraus.

Den Wortschatz kann man gleich vergessen,
die Grammatik ebenso.
Über einen feinen Stil und Wortgewandtheit
ist man im Käfig drin nicht froh.

Am besten ist ein Brett vorm Kopf, das ist ein sicheres Zeichen.
Mit diesem Attribut kann man den Käfig schnell erreichen.
Im Käfig drin ist man dann sicher, ist vor der Welt geschützt.
Für Menschen mit einem Brett vorm Kopf
ist der Käfig gut genützt.

Ein Käfig für die Narren, die Papageien bleiben draußen.
Die können dann im Tiefflug um den Narrenkäfig sausen.
Der drinnen steht, der dreht sich mit,
der bekommt den Bandelwurm
und aus dem Narrenkäfig wird dann der Narrenturm.

Narrenkäfig, Narrenturm, der Zweck ist nicht verfehlt.
Benützer gibt es genug dafür, auf unserer Narrenwelt.
Die Menschen die im Käfig sitzen, die kommen von weit her.
Doch weitaus besser wäre es, der Käfig bliebe leer.

Zuversicht

Trübe Tage, kalte Zeiten, der Frost zieht durch das Haus.
Er lässt sich nicht vertreiben, nicht vor die Tür hinaus.
Als es noch warm und behaglich war,
war sie noch täglich hier.
Damals war noch Hoffnung, und Zuversicht bei mir.

Die Zuversicht ist aus dem Haus, dafür ist Kälte eingekehrt.
Ich kann mich nicht erwärmen, nicht mal am heißen Herd.
Ich freu mich nicht am Blumenstrauß,
nicht an der Sonne hellen Schein.
Kein helles Lachen, nicht Musik, dringt mehr zu mir herein.

Die Zuversicht ist fortgeflogen,
mit ihr ist die Hoffnung auf dem Weg.
Ohne diese beiden ich keinen Wert auf Leben leg.
Ja früher war das anders, da hat die Liebe mich liebkost.
Jetzt sitz ich hier im kalten Raum, bin völlig ohne Trost.

Die Zuversicht würde mich beflügeln
und eine neue Zeit beginnen.
Dann wäre wieder Wärme, Freude und Friede hier herinnen.
Ich brauch nicht Reichtum, Luxus, Eierkuchen,
mir fehlt das richtige Elixier.
Doch was ich so vermisse, das ist nicht mehr bei mir.

Ich hör ein Wort, das klingt so fein, so wie ein Engelchor.
Es dringt durch alle Wände und flüstert an mein Ohr.
Ein kleines Wort zur rechten Zeit und Zuversicht kehrt ein.
Nach schwerer Zeit bin ich wieder fröhlich
und glücklich ungemein.
Die Zuversicht ist das Brot des Menschen,
die braucht er zumindest täglich,
denn ohne jede Zuversicht krepiert er schließlich kläglich.

Gott

Was ist Gott nur für ein Landsmann,
ist er schwarz oder doch weiß?
Dass er nicht ein Chinese ist, wer bringt mir den Beweis?
Wir bezeichnen ihn als „Vater unser, “
wir sind besitzergreifend.
Dass wir ihn so nur sprichwörtlich nennen,
das ist zu weit abschweifend.

Mit „Vater unser“ ist im speziellen Fall
wohl nur der unsrige gemeint,
denn bis zurzeit ist der Mensch im Glauben
noch lange nicht vereint.
Wer gibt mir Sicherheit, dass Gott nur steht für Mann?
Dass Gott in seiner Güte nicht eine Frau sein kann?

Doch weder Frau noch Mann,
kein Mensch gewordenes Wesen,
ist meiner Meinung nach Gott noch je gewesen.
Als ich ein Kind war wurde mir mit der Hölle noch gedroht
und im Alten Testament gibt es den Rächer Gott.

Von anderer Seite dröhnt es her: „ Vertrau und leb in ihm,
denn dein irdisch Leben ist so kurz, es ist nur ausgeliehn.
Gott ist gütig und verzeiht, ist allwissend und gerecht!“
Wenn alles an seinem Werk gerecht ist,
dann kenn ich ihn ganz schlecht.

Auf der einen Seite Rächer Gott, auf der anderen die Güte.
Wie reimt sich das zusammen? Mein Gott davor behüte.
Die Menschheit hat den Gott geschaffen,
so nach ihrem Ebenbilde.
Der Gott der Menschen hat gedroht, kaum jemals war er milde.

Der Mensch hat ein Regelwerk erstellt,
das dient zur Machterhaltung.
Das ist ein wahres Hinkebein in der menschlichen Entfaltung.
Wir Christen haben unseren Gott den Heiden aufgezwängt.
Wer weiter Heide bleiben wollte
der wurde geköpft, gekreuzigt, aufgehängt.

Wir haben unseren Gott dorthin gebracht,
wo er nicht war erwartet.
Die Bekehrung zum wahren Christentum
ist zum Schlachtfest ausgeartet.
Anderswo ist anderswo, doch Gott ist dort auch Mittel.
Gott ist dort auch zweckgebunden, es ist nur ein anderer Titel.

Wir haben wieder viele Götter, der eine hie, der andere dort.
Überall wird ein anderer Gott verehrt, beinah an jedem Ort.
Man könnt die Götter streiten lassen,
wie vor tausenden von Jahren,
als diese noch in der Urzeit, in der Vorgeschichte waren.

Es bräuchte keine Terroristen,
die um des Glaubens willens sterben.
Die mit ihrer Todessehnsucht die Menschheit noch verderben.

Sie werden im Namen ihres Gottes
uns noch den Frieden rauben.
Die Menschheit wird sich nicht verbessern,
weil wir an Gott nur glauben.

Doch glauben heißt nichts wissen, im wahrsten Sinn vom Wort.
Dass ich auch hier zu wenig weiß, das glaub ich immerfort.

Wie ein Hauch

Es schleicht heran an meine Tür, was es ist, ist nicht gewiss.
Es drückt auch an das Fenster, es kennt kein Hindernis.
Ich kann es weder sehen, noch hören eventuell.
So wie es sich bewegt, ist es mal langsam und mal schnell.

Es drückt an meine Fensterscheiben, die Tür drückt es fast ein.
Dreimal dürft ihr raten, was könnte das wohl sein?
Ich hab es öfters schon erlebt, so ähnlich früher schon.
Es bewegt sich unaufdringlich, macht nicht den kleinsten Ton.

Ich bin nicht allein davon betroffen,
auf der Welt sind es Millionen.
Die mit dem was vor der Türe steht sich selbst damit belohnen.
Die Kinder flippen aus, falls jenes sie berührt.
Was bei manchen Kleinen zu Freudentränen führt.

Jetzt geh ich hin, ich mach auf die Tür, winke es zu mir hinein.
Ich hoffe, dieses etwas wird eine Zeitlang bei mir sein.
Ich spür es schon wie einen Hauch,
es durchflutet mein Zuhaus.
Wenn ich kann, so lass ich es so schnell nicht wieder raus.
Es hat von mir Besitz ergriffen, es entfaltet sich noch immer.
Es zieht durch alle Räume, hinein in alle Zimmer.

Wo früher Finsternis geherrscht, scheint jetzt ein sanftes Licht.
Das Licht ist zwar vorhanden, doch die Quelle seh ich nicht.
Es hebt mir meine Psyche und durchflutet mein Gehirn.
Es ist fast wie ein Drogenrausch, den glaub ich zu verspürn.

So wie es mich erwischt, so soll es anderswo auch sein.
Falls es auch an deiner Türe steht, lass es in dein Haus hinein.
Der langen Rede, kurzer Sinn, ich will es nun benennen.
Wenn ich das Geheimnis lüfte, werden viele es schon kennen.

Was jedes Jahr die Welt verzaubert,
sich in die Herzen schleicht,
das ist nun kein Geheimnis mehr, die Lösung ist ganz leicht.
Es kommt von irgendwo und will zu dir herein.
Du sollst dich drüber freuen, so wie sich andere freun.

Lass es von dir Besitz ergreifen, so fern du es nur lässt.
Jetzt sag ich nur noch eines:„ Es ist das Weihnachtsfest“
In diesem Sinn, wer dieses liest, ich wünsch was Freude macht.
Feiere das Weihnachtsfest, aber tu es mit Bedacht.

Für gut befunden

Da ging ein altes Ehepaar, händchenhaltend, durch den Park.
Ihre Liebe zueinander, machte sie zeitlebens immer stark.
„Heut sind wir sechzig Jahr zusammen, eine lange, schöne Zeit.
Alles was wir angefangen, machten wir zu zweit.

Wir haben uns ein Haus gebaut, das war ein schweres Ringen.
Auch du meine starke Partnerin,
musstest manche Opfer bringen.
Unsere Kinder sind schon alt geworden,
selbst beinahe schon ergraut.
Auch sie haben, nach unserem Grundsatz,
ihr Leben aufgebaut.

Falls ich dir einmal Unrecht hab getan, will ich es gerne sühnen.
Ansonsten will ich bis an mein Lebensende
dir wie bisher weiter dienen.
Da sagt die Frau:
„Mein lieber Mann, wie sieht die Welt heut aus?
Aus lebenslanger Treue, macht man sich nicht viel draus.

Man bastelt nicht am Eheglück, man schmeißt gleich alles hin.
In viel zu kurzen Zeitabständen, ist wieder Neubeginn.
Man gibt dem Partner keine Chance,
man tauscht ihn einfach aus.
Der wird kurzfristig abgeschoben, man wirft ihn aus dem Haus.

Die Kinder sind es, die das Leid ertragen,
zerbrochen ist der Krug.
Das Kind versteht die Welt nicht mehr, das gibt es oft genug.
Die Frauen sind oft selbst dran schuld,
die Selbstentfaltung geht meist vor.
Der Kinder lautes Wehgeschrei dringt nicht mehr an ihr Ohr.

So ist es wohl in dieser Zeit, Treue zählt nicht mehr.
Wenn der eine Freund schon ist zerschlissen,
kommt gleich ein anderer her."

„Mein liebes Weib, jetzt hör mal zu,
was sich gestern zugetragen.
Ich hab ein Gespräch mit angehört,
zwei Männer hört ich sagen:
Wie kann man nur ein Leben lang mit einem Weib sich plagen?
Öfters mal was ausprobieren, das hält die Gene frisch.
Du willst doch auch nicht jeden Tag
dasselbe Essen auf dem Tisch.

Mein liebes Weib, ich sag dir eins, altmodisch sind wir beide.
Doch unter dieser alten Mode, ich nicht darunter leide.
Ich hab geprüft und für gut befunden, ich halt es heut noch so.
Dass du es heut noch genauso siehst, darüber bin ich froh.

Dass wir schon sechzig Jahr zusammen sind,
das find ich nicht verkehrt,
denn von unserem Hochzeitstag der Treueschwur,
ist noch nicht verjährt."

Der letzte Schritt

Als ich einmal am Abgrund stand,
war die Gleichgültigkeit mein Freund.
Da hatte ich schon abgeschlossen
mit dem Leben, wie mir scheint.
Dort unten gähnte Finsternis,
gurgeln Tod und Schrecken im Duett.
Einen Schritt nach vorne nur, dann ist es schon zu spät.

Mir war als hörte ich eine Stimme:
“Komm her, wir fangen dich schon auf.
Mach du erst mal den einen Schritt
dann fällst auf eine Wolkenbank du drauf.“
Ich zögerte mit diesem Schritt, mir war er zu gefährlich.
Ich hatte Angst vor Finsternis, das sag ich heute ehrlich.

Andererseits war hinter mir nur Trostlosigkeit und Trauer.
Wenn ich nur kurz nach rückwärts sah,
durchstreifte mich ein Schauer.
Den letzten Schritt auch noch zu wagen,
deswegen kam ich her.
Doch wie ich jetzt zur Tat geschritten,
fiel der letzte Schritt mir schwer.

Ich horchte runter in den Abgrund, dort war ein leises Raunen,
dass es eine Melodie ergab, dies versetzte mich in Staunen.
Es klang fast wie ein Wiegenlied oder war es Grabgesang?
Auch ein „Halleluja“ von unten zu mir klang.

Meine Sinne waren eingetrübt, wie in einem Drogenrausch.
Mein Körper hat sich angefüllt wie Watte und wie Flausch.
Die Stimme klang nun deutlich: „Was ist mit dir, Kumpan?
Mach endlich mal den einen Schritt, ich melde dich schon an.

Lass zurück dort oben was dich kränkt, was immer dich betrübt.
Die Regeln in der Unterwelt hast du bald eingeübt.
Wenn du fällst, wirst du ganz leicht,
du fliegst auf Adlerschwingen.
Mach einen Schritt nach vor, du brauchst gar nicht zu springen."

Mir war als zog es mich nach unten, zu der dunklen Stimme hin.
Da hörte ich aus dem Abgrund tief ein helles Lachen drin.
Mein Verstand hielt mich noch oben fest,
mein Herz das wollte springen.
Es wollte einmal fröhlich sein und endlich lachen, singen.

Da klangen Kinderstimmen an mein Ohr,
sie klangen aus der Ferne.
Die hatte ich schon lang vermisst, die hörte ich so gerne.
Es klang so süß wie Honigwein, wie Sonnenschein im Mai.
Meine ganze Traurigkeit war mit einem Schlag vorbei.

Der Nebel ist von mir gewichen, ich hatte wieder Sicht.
Obwohl ich noch nach unten starrte, springen wollt ich nicht.
Die Kinderstimmen wurden lauter, mein Herz hat sich bekehrt.
Jetzt machte ich den ersten Schritt,
doch nach hinten um, verkehrt.

Schnell einen Schritt und noch mal einen,
drei Schritte sind genug.
Drei Schritte die zum Leben führten,
ich verlor zum Abgrund den Bezug.
Kinderstimmen bringen Leben, die Traurigkeit bringt Tod.
Wenn im Leben Freude fehlt,
geht man zum Abgrund in der Not.

Mein sorgenvoller Blick

Als ich einmal nach rückwärts sah, dort wo ich gerade stand,
das war auf meinem Weg, auf dreiviertel Strecke,
wo ich mich nun befand.
Hinter mir die Sintflut, so könnte ich erklären,
wenn nicht auch gute Zeiten noch darunter wären.

Dort sah ich ein Gebilde, das war gar übergroß.
Ich konnt es nicht beschreiben, was war denn das nun blos?
„Das sind die Sorgen“, sagt man mir, die dich jemals drückten.
Die im Augenblick der Gegenwart so in die Ferne rückten.

Jetzt wo ich sie wiedersehe, fällt mir ein,
die sind noch gar nicht weit.
Die greifen noch zu mir herüber, bis in die heutige Zeit.
Der Sorgen hatt` ich allzu viele, hab ich mir selbst gemacht.
Die werde ich bewältigen, hab ich mir oft gedacht.

Viele Sorgen bringen kleine Kinder,
meine sind es lang nicht mehr.
Trotzdem kommt von ihnen, noch mancherlei Malheur.
Da sagt man mir; „Die gehen dich nichts an“
Das ist nur so dahingesagt, was ich nicht glauben kann.

Jetzt schau ich mal nach vorne hin, die Zukunft ist noch offen.
Für mich besteht die Zukunft, nur aus Sehnen und aus Hoffen.
Dass mir die Sorgen nicht erwachsen,
die hinter mir schon liegen.
Dass ich die Zukunft nicht erleben muss,
nur auf Brechen oder Biegen.

Dass die jungen Menschen, an denen meine Wünsche hängen,
mit solcher Vehemenz und Kraft, nach vorne hin sich drängen.

Dass man aus den Fehlern der Vergangenheit,
nun endlich daraus lernt,
dass von meinem Standpunkt,
der einst noch weit liegt dort entfernt,
dann meinen Blick ich rückwärts richte
und voll Zuversicht ich sage:
„Die Vergangenheit ist mir genehm, ich führe keine Klage“

Dass die Zukunft mir Erfüllung bringt, das erkenne ich als Ziel.
Doch in Anbetracht meiner Erfahrung
verlange ich wohl viel zu viel.

Nicht nachahmenswert

Kalter Regen und Nebelschleier drängen zu meiner Tür herein.
Die Kälte drückt auf meine Psyche, wie soll ich fröhlich sein?
Draußen herrscht schon Düsternis,
kein Licht dringt mehr zu mir.
Verzweiflung kommt von draußen her, hält nicht an meiner Tür.

Vor dem Morgen hab ich Angst, wie soll ich das noch schaffen?
Für den Kampf ums Überleben, hab ich nur stumpfe Waffen.
Düsternis rund um mich her, mich erreicht die Wärme nicht.
Ich seh das Firmament, wie es zusammenbricht.

Weltuntergang bringt mir das Ende, das unausweichlich drängt.
Jetzt werd ich wohl beenden, was mir zum Hals raushängt.
Was ich nicht mehr ertragen kann, bis hin zum Überdruss
und was ich nicht lebenswert mehr finde,
damit mache ich jetzt Schluss!

Das Elend

Weil das Elend sich nicht lauthals wehrt,
bleibt es der Menschheit noch beschert.
Das Elend ist zu leise, deren Stimme hört man nicht.
Es ist auch nicht das Elend, das einen Reichen sticht.

Es hält sich wie die Kletten, nur an den Armen fest.
Der Armen gibt es viel zu viele, die Reichen sind der Rest.
Was Elend ist, weiß der Reiche kaum,
es ist nicht eingeladen, in seinem Lebensraum.

Doch den Armen drückt es ganz gewaltig,
es schnürt die Luft ihm ab
und drückt den, der sonst nichts hat, noch auf den Grund hinab.
Was Elend heißt, wird nicht erörtert,
darüber schweigt man gern.
Elend gehört zur breiten Masse, nicht zu den feinen Herrn.

Wer stundenweise mehr verdient,
als der Arme in seinem Leben,
dem könnte man in Sachen Elend
noch reichlich Auskunft geben.
Was Elend heißt, ist nicht bewusst den oberen zehn Prozent.
Die haben dafür das Bewusstsein nicht,
weil man sich nicht dazu bekennt.

Das Elend ist wie dichter Nebel, es verbreitet sich rapid.
Es ist ein schweres Übel und zieht die Armen mit.
Es herrscht hier auf dem Erdenrund, die kleine reiche Klasse.
Wer kaum noch Luft zum Atmen hat, das ist die breite Masse.

Das Verhältnis ist nicht fair, weil noch der Ausgleich fehlt.
Ich hoffe, dass die Zeit wird kommen, wo dann wird ausgezählt.

Wo einmal dann wird aufgeteilt, was rechtens ist und fair.
Wenn man lange glaubt und hofft, kommt auch die Zeit daher.

Wenn Elend sich mit Reichtum paart, dann ist das Ziel erreicht.
Wo der Reiche und der Arme
sich wie ein Ei dem andern gleicht.

Das Glück

Das Glück ist wie ein Vogerl,
es ist nicht für jedermann bestimmt,
weil es von den meisten Menschen,
schon beizeiten Reißaus nimmt.
Wie ein Vogerl kommt es angeflogen,
für manche unverhofft.
Dass das Vogerl jemand anvisiert, das kommt nicht all zu oft.

Ich seh das Vogerl sitzen, dort oben hoch am Baum.
Dass es zu mir herunter fliegt, das wär ein schöner Traum.
Doch nichts ist noch mit Glück und Liebe,
mit Reichtum, Seligkeit.
Dass ich das je erreichen werde, dazu braucht es noch viel Zeit.

Viel Zeit wird noch vergehen, falls es mich überhaupt erreicht.
Wenn nicht schon vorher das Glück dem Unglück weicht.
Das Unglück ist viel eher da, man braucht es nicht zu fangen.
Es ist ganz leicht für jedermann, zum Unglück zu gelangen.

Das Vogerl sitzt dort auf dem Baum, ich geb die Hoffnung auf.
Zum Vogerl auf dem Baum, schau ich nicht mehr hinauf.
Ich lass das Vogerl Schicksal spielen
und das Schicksal Vogerl sein.
Vielleicht holt mich das Glück, dann unverhofft noch ein.

Gott und Teufel

Ich fürcht nicht Gott, noch Luzifer,
vor dem Menschen ist mir bange.
Bis Gott den Luzifer vertreibt, das dauert mir zu lange.
Der eine hilft dem Menschen nicht,
der andere treibt sein böses Spiel.
Es gibt nicht die Gerechtigkeit, doch des Teufels Werk zu viel.

Nur Krieg und Not und Unterdrückung,
das ist des Luzifers Geschäft.
Während von allem abgeschirmt, der Herrgott scheinbar schläft.
Man sagt: „Es gibt nicht Gott und Teufel“
das muss ich widerlegen.
Den Teufel gibt es sicherlich, wie Krieg und Mord belegen.

Wie weit ich Gott für glaubhaft halte,
das weiß ich heut noch nicht.
Der Beweis ist dann erbracht,
wenn er des Satans Werke bricht.
Es wird Heulen geben, Zähneknirschen,
so hat man uns gelehrt,
falls man auf Gott vergießt und nur den Teufel ehrt.

Dass ich dieses und auch jenes glaube,
daran scheitere ich kläglich.
Denn Heulen und auch Zähneknirschen
gibt es bei uns schon täglich.
Man sagte uns im Unterricht:
„Der Luzifer kommt aus demselben Stamm.
Er ist das schwarze Schaf, der Herrgott ist das Lamm.

Der Luzifer ist abgestürzt, durch Hochmut, Ignoranz.
Er wurde ausgeschlossen, aus des Himmels edlen Kranz.“

Nun hat er bei uns freie Hand und kann sich voll entfalten.
Hier kann er nun sein Reich ganz teuflisch ausgestalten.

Hier übt er seine Kräfte aus, der Mensch ist ihm verfallen.
Oft will er den Satan übertreffen, in der Grausamkeit, vor allem.
Doch wo ist sein himmlisch Gegenstück?
Ich vermiss den Herrgott sehr.
Wo man heut das Gute sucht, dort ist es öd und leer.

Manchmal frag ich mich dann trotzdem,
wo geht die Menschheit hin?
Warum greift Gott nicht endlich ein? Darin seh ich keinen Sinn.
Ich seh zwar täglich des Teufels Werke und höre wie er spricht,
doch des Herrgotts strenge Worte, vernahm ich bisher nicht.

Früher

Früher, ja was früher war, das war alles schön und gut.
Jetzt sagen meine Enkel zwar, das ist ein alter Hut.
Doch ich weiß, was ich von früher halte,
das kann mir niemand klauen.
Die jungen Leute können nicht, soweit nach rückwärts schauen.

Früher schien der Mond so hell und die Sterne sah man klar.
Alles was man damals sagte, das war auch wirklich wahr.
Die Menschen hatten Arbeit und sie hatten Freude dran.
Was die Freude anbelangt, kommt man da heute nicht heran.

Wer damals seine Meinung sagte,
tat es dem anderen ins Gesicht,
denn Handys oder solches Zeugs, das gab es damals nicht.
Im Fernsehen gab es zwei Programme
und dies nur stundenweise.
In der Zeit dazwischen war im Haus es ziemlich leise.

Wenn ich mal ins Kino fuhr, mit eineinhalb PS,
dann war das die reinste Freude, es brachte keinen Stress.
Das Mädchen saß am Sozius, weich und warm verpackt.
Der Schnee lag bis zum Trittbrett hoch,
das Eis hat laut geknackt.

Die Wärme die uns heute fehlt, ist damals übersprungen.
Die Beziehung zwischen ihr und mir war einfach ungezwungen.
Wenn ich an den Haushalt denke, zu meiner Mutters Zeiten,
die musste für uns Nahrung ganz einfach zubereiten.

Kartoffeln waren meist im Haus, dazu im Garten drin Salat.
Der Speiseplan zwischen Sonn- und Wochentag
war meistens ein Spagat.
Kartoffeln gab es immer wieder, von Montag bis da eben.
Das es nichts anderes gab, ist nicht an ihr gelegen.

Als ich das erste Auto kaufte, schrie ich himmelhoch: „Juchhe.
Ab morgen wird nur mehr gefahren,
ich keinen Schritt mehr geh".
Damals hat man sein Auto noch erkannt,
an den Formen und am Sound.
Wer damals sich ein Auto kaufte, der wurde gleich bestaunt.

So war es damals, wie ist es heute?
Ich seh mich mal im Dorf umher, es gibt nur alte Leute.
Die Umwelt ist total vergiftet, sie ist beinah zerstört.
Wenn man sich nicht die Ohren stopft,
man nur Motorenlärm mehr hört.

Was in unserem Garten wächst,
wird vom Flugzeug aus besprüht.
Das kann man nicht verhindern,
auch wenn man sich noch so sehr bemüht.

Die Äpfel auf unserem Baum sind alle ganz verschrumpelt.
Ringsherum nur alte Leute
und mein Nachbar kommt gehumpelt.

Früher war er ein fescher Mann, mit Mut und mit Elan.
Jetzt ist er schon darüber froh, dass er noch gehen kann.
Ja, früher war ich selber jung, das bin ich zwar heute noch,
nur sehe ich viel älter aus, das kränkt mich meistens doch.

Wenn ich die Vergangenheit beschreibe,
so trügt auch oft der Schein.
Ganz so schön wie ich geschildert habe,
wird es nicht gewesen sein.

Eins und Eins

Weil nichts so ist, so wie es scheint, ist eins und eins nicht zwei.
Bei jeder kleinen Rechnung ist mancher Trick dabei.
Man sieht die Welt erst klar und rein,
doch falls man sie hinterfragt,
dann tut sich gleich ein Abgrund auf,
du bist schon bald verzagt.

Was du dir ausgerechnet hast, ein anderer kann es besser.
Die Summe, die du hast errechnet, die des anderen ist größer.
So kannst du machen was du willst,
du bestimmst nicht selbst dein Los.
Ob du zu einem guten Ende kommst,
die Ungewissheit ist zu groß.

Du hast dir einen Job erwählt, er macht dir große Freud.
Doch du findest keinen Arbeitsplatz,
jetzt beginnt für dich das Leid.

Was du auch hast für Wünsche, sie bringen dir nichts ein.
Immer wird ein anderer dir im Wege sein.

Du hast dir eine Frau erwählt, dein Glück scheint grenzenlos.
Bevor du es erahnst, bist du sie wieder los.
Ein anderer hatte bessere Karten, so ist das böse Spiel.
Dass du etwas zu Ende bringst, ist nur ein hehres Ziel.

Dein Bares setzt du auf die Aktien, weil dort vermehrt es sich.
Die Aktien sind abgestürzt, du weinst ganz bitterlich.
Kein Job für dich und keine Frau, jetzt ist dein Bares fort.
Dass ist ein echter Scheiß, das ist das richtige Wort.

Immer tun es dir die anderen,
dagegen ist kein Kraut gewachsen.
Die sind brutal und skrupellos und machen keine Faxen.
Stellst du noch eine Rechnung auf, mit Job und Frau und Geld,
dann überlege vorher dreimal, ob die auch richtig hält.

Ich habe mich geirrt

Da hab ich mich einst konzentriert und in die Zeit gesehen.
Die Zeit ist weiterhin gelaufen, doch ich blieb einfach stehen.
Ich könnt die Zeit als Zug vergleichen,
mit vielen Wägelchen daran.
Vorne läuft die Zukunft her, was schon war, kommt hintendran.

Ich steh und schau, so konzentriert, auf das was vor sich geht.
Stets verändert sich mein Blickfeld,
weil die Zeit nicht stille steht.
Ich stehe fest, ich will nicht mit, der Sog ist mir zuwider.
Die Gegenwart rauscht nun vorbei,
ich seh sie bald nicht wieder.

Jetzt kommen mir Bedenken, wie soll das weitergehen?
Ich werde in der Vergangenheit bald mitten drinnen stehen.
Das will ich nun auf keinen Fall, das find ich ungeheuer.
Dort war nur Not und Kümmernis, dort war nichts gut und teuer.

Ich seh sie schon, die Viehwaggons, mit Menschen vollgestopft.
Denen hat man den gewissen Stern
zum Beweis noch aufgepfropft.
Ich sehe dort den Schornstein rauchen,
mein Gott, mein Gott, mir graut.
Beinahe hätte ich in ein Krematorium geschaut.

Jetzt schreie ich: „Halt, halt, ich passe,
weil ich die Vergangenheit nicht fasse.
Mir sind die Gräuel lieber, die noch nicht getätigt sind.
Ich kann sie nur erahnen, denn für die Zukunft bin ich blind.

Halt an, du Zeit, ich halt mich an dir fest,
wenn du mir nur nicht den Weg versperrst
und in der Vergangenheit belässt.
Du Zeit, soweit ich kann, lass mich in dir entfalten.
Lass mich die Zukunft mitgestalten."

Was die Vergangenheit betrifft, durchrieselt mich ein Schauer.
Diese dunkle Zeit, hinterlässt bei mir nur Trauer.
Als ich die Zeit hab ziehen lassen, war ich leicht verwirrt.
Dass das eine Lösung wäre, darin hab ich mich geirrt.

Dann ist das Ziel erreicht

Wenn sich der Christ mit dem Moslem gleicht,
dann ist das Ziel erreicht.
Doch vorher gibt es viel Malheur
und ein Kamel geht durch ein Nadelöhr.

Was unmöglich ist, wird niemals sein,
auch wenn man tut, oft nur zum Schein.
Man verbreitet stets die Lüge, der Wahrheit Ungenüge.
Wer nur behauptet, Recht zu haben, dem ist die Welt egal.
Das bringt ein Aufeinanderprallen, wie schon früher öfter mal.

Man will nicht das Recht des anderen sehen,
Scheuklappen hat man um.
Die Geschichte zeigt, dass dies nichts nützt,
ich frag mich nur warum?
Guter Christ und guter Moslem, ergibt zwei gute Seelen.
Aus dieser Regel könnte man, die Menschheit sich erwählen.

Doch wenn der eine gut, der andere besser ist,
ergibt dies Diskrepanz.
Dann geht das nicht in die Herzen rein, nicht in die Köpfe ganz.
Der bessere muss den guten schlagen,
so wird es meist verkündet,
anstatt dass man mit Toleranz die Hürden überwindet.

Was der eine macht, meist voll bewusst, in einem fremden Land
das bringt die Politik und die Menschen durcheinand.
Das Christentum hat ältere Rechte, so glaubt es oft der Christ,
weil der Moslem mit seinem Glauben
um sechshundert Jahre jünger ist.

Das ist für viele schon ein Zeichen, wer sich über wen erhebt.
Auch das hat man in der Vergangenheit schon öfter mal erlebt.
Es wird nicht leicht sie fallen, sich an der Hand zu fassen,
die Gründung der Religionen mal außer Acht zu lassen.
Denn erst wenn der Christ sich mit dem Moslem gleicht,
dann ist das Ziel erreicht.

Mein Horizont

Nun sitz ich da, ich armer Tor, bin nicht klüger als zuvor.
Was hab ich heute schon vollbracht?
Hab viel geschrieben, viel gedacht, doch hab ich nichts erreicht,
weil mein Horizont noch immer von mir weicht.

Was ich heute als meine Grenze seh,
hab ich morgen überwunden,
doch übermorgen schon, ist sie wieder weit entschwunden.
Nur in kleinen Schritten komm ich weiter,
für die großen reicht es nicht.
Was heute für mich dunkel scheint, ist morgen vielleicht Licht.

Ich müh mich ab, mach Stückwerk nur, das Große liegt mir fern.
Wenn mir ein großer Schritt gelänge, das hätte ich so gern.
Doch was man nicht hat, kann man nicht nützen,
auch nicht, wenn man sich quält.
Ich kann mich nicht verwirklichen, so wie es mir gefällt.

Die Mittel sind zu schwach vorhanden,
worauf sich heut mein Wissen stützt.
Oder habe ich zu lang geschlafen und sie nicht ausgenützt?
Jetzt sitz ich da, ich armer Tor, mir fällt nichts Neues ein.
Ich muss mit dem, was ich vollbringe, zur Not zufrieden sein.

Alles was ich nicht begreife, ist für mich ungewiss.
Für eine freie Gedankenwelt, ist das ein Hindernis.
Ich weiß nicht mal, was ich noch wissen möchte,
weil ich zu wenig weiß.
Mein, mir eigener Unverstand, ist dafür Beweis.

Was Einstein sich hat ausgedacht, wird erstmal jetzt bewiesen.
Wie lange wird es nun noch dauern,
bis man sein Wissen kann genießen?
Zu groß ist hier der Unterschied, zwischen dem Genie und dem,
der sich selber nennt, „gescheit".
Der steht nicht mal am Anfang noch, der ist noch nicht so weit.

Was man noch wissen könnte, wird wohl nie erreicht,
weil so wie bei mir, auch der Horizont entweicht.
Wo liegt der Wissenshorizont? Er liegt unendlich weit.
Um das nur zu erahnen, dazu reicht nicht meine Zeit.

Im Dilemma, der Bauer

Im Märzen der Bauer, die Rösslein einspannt.
Damals sind auch die Knechte und Mägde gerannt.
Heut kommt er geritten, auf seinem stählernem Ross,
wie eine Dampfwalze schwer, furchterregend und groß.

Er pflüget den Acker, er egget und sät.
Auf dem Acker, der Bauer, keinen Schritt heut mehr geht.
Er müht sich von morgens bis abends mit Fleiß.
Er tippt ein in den Computer, die Menge, den Preis.

Wenn die Pflanzen schön wuchsen, im Garten, im Feld,
der Bauer war glücklich, was er hat bestellt.
Das ergab zwar viel Arbeit, für Mensch und das Vieh.
Heut macht das der Bauer, meist mit der Chemie.

Am Bauernhof mussten viele Helfer auch sein.
Heut macht meist der Bauer die Arbeit allein.
Der Bauer, die Bäuerin, haben gesorgt für die Kinder,
für die Hühner, die Schweine und auch für die Rinder.

Heut gibt es den Bauern, als Single meist nur,
denn es zieht keine Frau mehr in die Natur.

Die Bäuerin rührte Butter, buk Krapfen und Brot,
damit konnte sie lindern, den Hunger, die Not.
Heut verschwendet man Nahrung, was ergibt das für Sinn?
Die liegt dann zu Haufen im Mistkübel drin.

Die Kuh drin im Stall, die Hühner, das Schwein,
stets mussten auch Tiere am Bauernhof sein.
Heut sind es die Massen, wie in einer Fabrik.
Menge und Masse, das ist heut der Trick.

Dort wuchsen auf den Feldern, der Weizen, der Mais.
Das hatte noch Nährwert und auch seinen Preis.
Heut macht man mit Getreide den Diesel daraus.
Ist das nicht verwerflich? Ja so sieht es aus.

Wenn ich heute wär Bauer, ich würd mich besinnen,
ich würde noch mal von vorne beginnen,
denn was nützt mir mein Einsatz, was nützt mir mein Fleiß,
wenn ich produzier für Konzerne und erziel keinen Preis.

Früher war das anders

Nichts ist mehr, wie es früher war, ich sag es wie es ist.
Du wirst es mir bestätigen, falls du von früher bist.
Früher war es so gemütlich oder lag es an der Tugend?
Hier muss ich etwas eingestehen, es lag an meiner Jugend.

Hektik kannte ich noch nicht, oft lag ich in der Sonne.
So im grünen Gras zu liegen, war in der Freizeit reine Wonne.
Gab es trotzdem einmal Stress, nur so von Mal zu Mal,
sagte ich mit viel Gelassenheit: „Das ist mir doch egal“

Dann stellte ich das Radio an und hörte laut Musik.
Um das Ungemach zu täuschen, war das der beste Trick.
Der Elvis sang den Rock 'n Roll und auch der Peter Kraus.
Wenn die beiden losgelegt, ging ich nicht schnell nach Haus.

Bücher las ich damals schon, ich verzehrte sie zu Hauf.
Sie waren für mein Sparbudget zu teuer für den Kauf.
Ich habe sie mir ausgeliehen, das ergab denselben Sinn.
Denn ob nun gekauft oder ausgeliehen, es stand dasselbe drin.

Damals ging man mit dem Anzug aus,
die Krawatte um den Hals.
Das war zwar nicht an jedem Tag,
doch bestimmt schon öfter mals.
Die Schuhe waren blank geputzt,
nicht wie die heutigen Latschen.
Man hatte den gepflegten Gang,
nicht so wie sie heute hatschen.

Das Börsel war nicht prall gefüllt, man hat sich dran orientiert.
Man hat nur dann den Wunsch geäußert,
dass es mal besser wird.
Wir setzten nicht auf Aktien, das war nicht populär.
Wir haben brav geschafft für wenig,
trotzdem wollten wir auch mehr.

Doch langsam ging die Uhr von damals,
nicht so schnell wie heute.
Wir hatten einfach Zeit für uns, nicht wie heut die Leute.
Heut stehe ich am Montagmorgen auf
und gehe Samstagnacht zu Bett.
Es kommt mir vor, als ob dazwischen nur ein Tag gelegen hätt.

Die Welt ist heute laut, brutal, hektisch und verlogen.
Wer heute sich nicht selber schützt, der wird gemein betrogen.

Wie stehe ich zu damals, aus meiner heutigen Sicht?
Ich will es nun gestehen, beschönigen es nicht.
Was so schön an damals mir erscheint,
das war nicht nur die Tugend.
Was daran so faszinierend war, das war wohl nur die Jugend.

Ein Wettbewerb

Das Leben ist ein Wettbewerb um Höhen und um Weiten.
Man soll nicht müde werden, ihn täglich zu bestreiten.
Wer einmal nachlässt, fliegt hinaus aus dem Bewerb.
Dem schmeckt das Leben nicht mehr süß,
dem schmeckt es eher herb.

Nur höher, schneller, weiter, das lässt auch mich nicht ruhn.
Was kann ich morgen besser, als ich es heute will, noch tun.
Doch hin und wieder frag ich mich, ist das mein Lebenssinn?
Steckt in dem Drang nach mehr, nicht nur die Werbung drin?

Die Wirtschaft will das Wachstum haben,
so hört es sich meist an.
Weil ohne Wachstum scheinbar sie nicht gewinnen kann.
Was mach ich da in dem Getriebe? Dort ist nicht Platz für mich.
Sollt ich die Wirtschaft noch beleben müssen,
das wär ganz fürchterlich.

Wo ich schon ausgestiegen bin,
aus dem Zwang und aus der Hetze,
aus den Fängen der Gesellschaft und den Mühlen der Gesetze.
Schon vor Jahren, hab ich mir fest geschworen,
in dieser bösen Wirtschaftswelt, hab ich nichts mehr verloren.

Warum treibt mich der Ehrgeiz noch?
Ich kann es oft nicht fassen.
Nachdem ich ausgestiegen bin, könnt ich mich hängen lassen.

Was geht mich noch das Wachstum an,
von dem sie alle träumen?
Ich sollte besser Obacht geben, die Zeit nicht zu versäumen,
in der ich noch die Kraft besitze und der Mut ist noch gegeben,
um noch eigenständig und entspannt zu leben.

Doch die Natur ist scheinbar abgestimmt,
zum Wachstum hin, zum Schein.
Und immer wieder treibt es mich, in die Natur hinein.

Mein Kampf

So lange ich lebe, gibt es Kampf,
dass es so ist, ist halt ein Krampf.
Wenn ich im Bett noch liege und schlag die Augen auf,
dann denk ich mir: „Auf das Aufstehen pfeif ich drauf."

Der Kampf hat schon begonnen, ich selber bin mein Feind.
Ich sollt mich einfach niederringen, hab ich schon oft gemeint.
Kaum hab ich mich herausgeschält,
aus mehreren Deckenlagen,
wank ich aus dem Zimmer, noch ziemlich angeschlagen.

Weil wir im Winter „oben" schlafen, muss ich erst mal runter.
Wie ich so über die Stiege schleiche, werd ich langsam munter.
Weil es jetzt noch kalt ist, heiz ich erst mal ein,
denn schon beim Frühstück will ich im Warmen sein.

Bis der Küchenherd die Wärme spendet,
geh ich ins Bad hinein.
Sobald ich in den Spiegel sehe, könnt ich lauthals schrein.
Jetzt frage ich mein Spiegelbild, ob ich das selber bin?
Ich kann es fast nicht glauben, wo ist die Jugend hin?

Nun mach ich mich daran, mich in die Höh zu bringen.
So wie es sich das denken lässt, ist das ein schweres Ringen.
Das Frühstück richte ich zusammen, für mich und meine Frau.
Sie ist inzwischen aufgestanden, sie nimmt´s nicht so genau.

Dabei lass ich sie mal kreisen, die Gedanken um den Tag.
Was bringt der Tag denn heut für mich,
wahrscheinlich manche Plag.
Draußen wird es langsam hell,
ich sehe durch die Fensterscheiben,
dabei fällt mir meistens ein: „Ich sollt noch etwas schreiben."

Das Schreiben ist halt wie ein Zwang, ein Kämpfen, sozusagen.
Beim Schreiben gilt es auch, dort meinen Feind zu schlagen.
Mein Feind ist die Vergesslichkeit,
manche Worte mir entfliehen.
Auch habe ich beim Schreiben
mir schon mal was Fremdes ausgeliehen.

Mein Notizbuch liegt da griffbereit, der Kuli obenauf
und Zettel zu Genüge, die gibt es hier zu Hauf.
Ein Notizheft liegt bei mir am Bett, es liegt bei jedem Sitz.
So kann ich schnell verewigen, so manchen Geistesblitz.

Ein Notizheft ist in jeder Tasche, wo immer ich auch bin.
Wohin ich mich begebe, es begleitet mich dorthin.
Ich schreibe auf dem Fahrrad, das sollte zwar nicht sein.
Doch ihr werdet es nicht glauben, auch dort fällt mir was ein.

Jetzt bin ich aber abgeschweift, beim Frühstück sitz ich noch.
Manchmal ist mir wohl zu mute, manchmal fall ich in ein Loch.
Mich aus dem Loch herauszubringen, dauert ganz schön lange.
Doch bisher hab ich es immer noch geschafft,
habt nun mal keine Bange.

Das Frühstück dauert eine Stunde,
vielleicht auch manchmal mehr.
Dabei kann ich auf den Tag mich vorbereiten,
daran halte ich mich sehr.
So ein bis zweimal in der Woche
kommt unser Enkelsohn zum Schlafen.
Ich wünsche jedem einen Enkelsohn, so einen klugen, braven.

Dann läuft der Morgen ab, mit der einen großen Ausnahm nur.
Dann bestimmt der Enkelsohn die ganze Prozedur.
Ich hol ihn erst mal aus dem Bett, er schläft in unserer Nähe.
Wenn das nicht mehr gestattet wäre, wär er traurig, wehe!

Wenn er von oben runterkommt, gibt es meist schon Tageslicht.
Er setzt sich nun an den Computer,
denn Frühstück mag er nicht.
Wir wollen den Knaben nicht erziehen, wir wollen ihn genießen.
Wenn er bei uns Alten weilt, soll es ihm nicht verdrießen.

Die Zeit läuft für ihn viel zu schnell,
der Schulbus wartet draußen.
Jetzt gilt es nur so schnell wie möglich
zum Schulbus hin zu sausen.
Nun ist es sieben Uhr und etwas schon danach,
ich wasch noch das Geschirr.
Das hab ich mir so angewöhnt, ich bin auch Hausmann hier.

Kurz noch schnell Beratung, was kochen wir denn heute?
Denn wenn der Enkel nach der Schule wiederkommt,
sind wir schon zwei, drei Leute.
Meine Frau sitzt am Computer, das ist ihr Morgensport.
Dort gibt es viel zu lesen, dort steht so manches Wort.

Ich selber schreibe manche Texte für dieses Medium.
Manchmal sind sie ganz erbaulich,
vielleicht auch manchmal dumm.
Meine Frau ist darin ein Meister, sie sendet sie hinaus.
Ich bin da ein Banause, ich kenn mich da nicht aus.

Mein Kampf ist bisher gut verlaufen, ich konnt ihn kontrollieren.
Ich will auf keinen Fall im Ablauf, den Überblick verlieren.
Überraschungen sind mir ein Gräuel, die machen mich verrückt.
Ich bin erst dann zufrieden, wenn wie berechnet, alles glückt.

Falls es draußen kalt noch ist, dann heiz ich erstmal ein.
Falls der Winter schon vorbei, lass ich es sicher sein.
In den Heizraum gilt es Holz zu schaffen,
das mache ich so nebenbei.
Denn Heizen ohne entsprechend Holz zu haben,
sind der Dinge zwei.

Vom Brennholz ist der Vorrat bei uns groß,
da schau ich immer drauf.
Da ist der Schuppen angefüllt, bis zum Ziegeldach hinauf.
So nun kann der Tag erst kommen, die erste Phase ist vorbei.
Dass etwas Ungeplantes kommt, das wünsch ich nicht herbei.

Die erste Pflicht des neuen Tages ist,
in die Räume einzusehen,
wo über den Daumen hin gepeilt,
an die dreihunderttausend Bücher stehen.

Obwohl die Menge mich verwirrt, der Anblick macht mich froh.
Mit Freude hab ich sie gesammelt, ich mag die Bücher so.

Wer sie nicht sieht, wird nicht begreifen,
was Leidenschaft bedeutet.
Die Gründung dieser Sammlung
haben wir vor Jahren eingeläutet.
Inzwischen wächst sie weiter, der Zustrom überwiegt,
auch wenn die Gäste sich bedienen, was mir am Herzen liegt.

Das war bisher ein großer Kampf, um Unsinn oder Sinn.
Ich kann es noch nicht sagen, wo ich gerade bin.
Hab ich mir da was aufgebaut, was mich dereinst erschlägt
oder ist es was Besonderes, was sich von selber trägt?

Das entlockt in mir schon wieder Kampf,
weil ich keinen Retter sehe.
Ich sehe niemand, der das weiterführt,
nicht noch in meiner Nähe.
Ich rechne mir die Jahre hoch, wo endlich ist mein Ziel
und muss es mir doch eingestehen, es sind nicht all zu viel.

Manchmal kommen Leute, die schon früh sind unterwegs.
Für mich sind sie dann Gäste, Kunden sind sie keineswegs.
Wenn Gäste kommen, wohl belesen und gebildet obendrein,
dann ist es mein Verlangen, auch auf der Höh zu sein.

Es gilt dann mitzuhalten, mit Hochwürden und mit Titeln.
Dann ist es auch mal angebracht, zu loben, zu bekritteln.
Reicht das aus, was ich besitze, an Wissen, an Erfahrung?
Bin ich dann am rechten Weg,
um des anderen Würde Wahrung?

So kämpf ich durch den Vormittag, wie meist es ist die Regel.
Doch soweit es irgend geht, setz ich mir selbst die Segel.

Wenn ich Zeit hab zwischendurch, koch ich auch selber gerne.
Es geht mir um die Selbstversorgung und ich dabei noch lerne.

Das Kochen ist ein kleiner Kampf um Hitze und um Zeiten.
Mit diesen Elementen gilt es die Nahrung zu bereiten.
Einen Vorteil hat die Sache noch,
dem Geschmack geb ich die Note.
Wenn nötig, auch mal fein gewürzt, mit einer Chilischote.

So sieht der Alltag oft für mich bis hin zum Mittag aus.
Doch andererseits gibt es außertourlich
noch viel zu tun im Haus.
Da war vor wenigen Tagen eine Arbeit erst beendet,
an die hab ich mich immerhin zehn Tage hingewendet.

Ich hab Stellagen aufgebaut, wie vorher schon zu Hauf.
Sie reichen in der Höhe bis zum Plafond hinauf.
Da galt es wieder Staub zu schlucken, ich hobelte, ich schnitt.
Wo ich doch vorher schon, am geschlucktem Staub so litt.

Das ist ein schwerer Kampf, ist er erträglich, ist er bös?
Hat sich die Arbeit ausgezahlt, wie groß ist der Erlös?
Diese Frage steht im Raum, es gibt niemand Antwort mir.
Was ich so baue, mach ich selbst, es kann niemand was dafür.

Die Maschine zu bedienen, muss ich mich manchmal quälen.
Das ist erst seitdem so, seitdem drei Fingerspitzen fehlen.
Der Schock sitzt immer noch in mir,
der ist nicht weg zu kriegen.
Ich sehe immer noch genau, wie meine Fingerspitzen fliegen.

Jetzt bin ich vom Alltag abgekommen,
was ich gesagt, ist nicht konform.
Es ist im Alltag nicht die Regel, es liegt außerhalb der Norm.

Jetzt sitz ich erst am Mittagstisch, gewöhnlich nur zu zweit,
doch sind wir auch für ein paar Gäste,
zur Bewirtung stets bereit.

Während ich so esse, schalt ich das Radio ein,
ob man da was Neues hört.
Ich möchte am Laufenden noch sein,
falls mich niemand dabei stört.
Meistens wäre es besser, das Radio bliebe aus.
Was da an Meldungen verbreitet wird,
ist schlichtweg nur ein Graus.

Was Politik und Wirtschaft treiben,
das durchschlägt die stärkste Wand.
Wer hinter diesen Mächten steht, bleibt leider unbekannt.
Unsere Speisen sind gar wohlgewürzt,
gut gekocht und schön gegart.
Doch den Appetit könnt man verlieren, weil man uns so narrt.

Wir kennen noch die Täter nicht, diese Frage bleibt noch offen.
Dass man sie einst habhaft wird, bleibt weiterhin zu hoffen.
Das Mittagsmahl ist nun beendet,
das Geschirr ist noch schnell dran,
weil ich die Reste von dem Essen am Tisch nicht sehen kann.

Geschirr abwaschen so per Hand, bereitet mir schon Freude.
Die Spülmaschinen hab ich stillgelegt,
schon vor Jahren, alle beide.
Das Essen schlägt sich bei mir nieder,
meist zu üppig und zu viel.
Daran etwas zu ändern, ist mein übernächstes Ziel.

Jetzt bin ich etwas müde, die Verdauung setzt nun ein,
darum gehe ich mit einer kurzen Pause,
in den Nachmittag hinein.

Mal sitz ich da, nur kurze Zeit, mal trink ich den Kaffee,
weil ich auf Stress und Hektik schon gar nicht mehr drauf steh.

Die Pause dauert nicht so lange, ich teil die Zeit mir ein,
denn bei gutem Wetter, müsste ich
auf dem Fahrrad, heut schon sein.
Das Fahrradfahren gilt als Pflicht, um mich noch fit zu halten.
Dementsprechend muss ich den Alltag mir gestalten.

Der Tritt in die Pedale, ist für mich
so wie für die Natur der Sonnenschein.
Ohne diese Zeit am Fahrrad könnt ich nicht zufrieden sein.
Dort beginnt der Kampf von neuem, das ist auch gut für mich.
Wenn ich nicht mehr fahren könnte, das wär ganz fürchterlich.

Ich kämpfe gegen mich,
gegen den Schwund von Muskeln und Gebeinen.
Nichts zu tun und fit zu bleiben, das lässt sich nicht vereinen.
Kommt dann die warme Jahreszeit, sind wir beide unterwegs.
Dass wir noch Rennen fahren, das ist es keineswegs.

Nur Reisen auf dem Fahrrad,
durch fremde Länder, liegt uns nah.
Mit Freude auf dem Fahrrad reisen, dazu sind die Straßen da.
Jedoch kurze Strecken, fahren wir auch gern.
Jetzt hab ich wieder ausgeholt, vom Alltag bin ich fern.

Es ist schon Zeit für die Gartenarbeit,
der Frühling zieht ins Land.
Was es da für Arbeit gibt, ist den meisten gut bekannt.
Dort kämpf ich mit der Schwerkraft,
mit dem Spaten, mit den Schollen.
Dort geht es um die Frage, von müssen oder wollen.

Das Müssen hebt das Wollen auf,
denn was sein muss, das muss sein.
Dort knie in die Arbeit ich mit Nachdruck mich hinein.
Dort bin ich manchmal nicht ich selber,
ich vergess dort Zeit und Raum.
Dort verwirklicht sich so mancher Hobbygärtner Traum.

Zurück zum Alltag wieder, der Kampf ist nicht zu Ende.
Noch spuk ich auch am Nachmittag, kräftig in die Hände.
Der ist nun halb vorüber, dann kommt noch dies und das.
Es ist ein Kommen und ein Gehen, schier ohne Unterlass.

Bücherfreunde sind gekommen, sie wollen heute schmökern.
Es macht mir auch nichts aus, ein paar Bücher zu verhökern.
Doch oft sind sie so unterschiedlich, sie schmökern ix beliebig.
Ich hab auch oft schon Glück gehabt, ihr Suchen war ergiebig.

Inzwischen geht die Sonne unter, der Abend kommt geschwind.
Schon wenn es dunkel wird, gehe ich ins Haus,
so wie ein kleines Kind,
denn Dunkelheit, die mag ich nicht, ich kämpf dagegen an.
Ich mach mir jetzt elektrisch Licht, wo ich nur immer kann.

Beizeiten gibt es Abendessen, das ich meistens selber richte.
Es dauert nicht mehr allzu lang bis zum Ende der Geschichte.
Doch vorher wird noch abgerechnet, im Ernstfall auch notiert,
was vom Morgen bis zum Abend Interessantes ist passiert.

Was anderswo zur Pflicht gehört, ist bei mir nicht ausgeprägt,
weil meine Zeit dort vor der Glotze nur kurze Zeit beträgt.
Dort sitz ich dann und frag ich noch: „Bin ich es oder du?
Bei wem fallen von uns beiden zuerst die Augen zu?“

Das ist wiederum ein Kampf, mit meinen müden Augen.
Sie scheinen für den Schund, der dargeboten wird,
nicht allzu viel zu taugen.
Ich bin schon halb hinüber, mir ist nicht mehr zum Lachen,
doch vorher gilt noch eine Regel, an sich selber Reinemachen.

Anschließend kommt der Gang nach oben,
der lässt sich nicht vermeiden,
denn oben ist das Schlafgemach,
von Mann und Frau, uns beiden.
Wer jetzt glaubt, dass ich friedlich werde,
der hat sich schlicht geirrt,
denn kein Mensch weiß noch im Vorhinein,
was er noch träumen wird.

Meistens ist das auch ein Kampf, den ich nie gewinne.
Ich bin immer der Verlierer, wie ich ihn auch beginne.
So mach ich kurz das Resümee:
„Das Leben ist ein Kampf, ob ich gehe oder steh."
Sogar des Nachts beim Liegen, kann ich im Kampf nicht siegen.
Mein Kampf geht weiter nun, auf Brechen und auf Biegen.

Nun hab ich meinen Kampf beschrieben,
wie ein anderer, seinen schon vor mir.
Doch du sollst mich nicht mit ihm vergleichen,
das eine rat ich dir.

Das Hindernis

Ich steh vor einer Mauer, die aus Stein ist und Beton.
Ich stehe hier wie angewurzelt, eine Weile steh ich schon.
Sie hält mich am Weitergehen auf,
kein Weg führt da mehr drüber.
Doch auf die andere Seite müsste dringend ich hinüber.

Mein Wille ist zwar meistens stark, doch sie gebietet mir.
Ich sehe in der Mauer, nicht mal die kleinste Tür.
Ein kleiner Durchschlupf würde reichen,
ich wär meinem Ziele näher.
Wenn ich die Mauer so betrachte, erscheint sie mir jetzt höher.

Ein Dornenstrauch wächst da hinauf, bis er oben drüber steht.
Man müsste auch so klettern können, was leider nicht so geht.
Vorher bin ich her gekommen, über Wege, Straßen, Steg.
Hier traf ich diese Mauer an, sie steht mir jetzt im Weg.

Was hab ich schon vollbracht im Leben,
so vieles, noch und noch.
Hier hält mich eine Mauer auf, nicht mal drei Meter hoch.
Hier muss ich klar erkennen,
dass nicht alles, was ich will, auch geht,
wenn eine Mauer mir hier im Wege steht.

Neunundsechzig voll

So mancher Glückwunsch meine Facebook Seite
gestern hat geziert.
Womit habe ich denn das verdient, dass man mir gratuliert?
Den großen Aufwand um mein bisschen Ich,
konnte ich nie leiden,
denn vom Charakter her bin ich ganz bescheiden.

Ich habe auch meistens das Feiern abgewehrt.
Trotzdem, ob der großen Anteilnahme, fühl ich mich geehrt.
Pomp und Firlefanz sind nicht die Zeichen meines Seins.
Mich groß hinzustellen, das ist nun mal nicht meins.

So viel Aufmerksamkeit fühlt sich an,
wie im Wasserglas ein Sturm,
denn im großen Weltgefüge bin ich ein kleiner Wurm.
Was Leben heißt und überleben, hab ich genug erfahren.
Es gab meist ein Auf und Ab seit neunundsechzig Jahren.

Ich habe nichts geschaffen, was mich unsterblich macht,
kein Hahn kräht mal nach mir,
wenn ich mich mal vertschüsse, so durch die Hintertür.
Darum wundert mich die Anteilnahme,
an der ich selber mich nicht halte.
Auch wenn ich mich noch nicht so fühle,
so bin ich doch der Alte.

Liebe Freunde, nun aus Nah und Fern,
ich bedank mich für die Worte,
aus dem Intermedium, auch für so manche Torte.
Scheinbar bin ich in meiner Nichtigkeit
bei Euch noch nicht vergessen.
Doch das eine sage ich mit Nachdruck.
„Nicht nötig wär`s gewesen."

Der Gutmensch

Vom „Gutmensch" hör ich reden,
das Wort ist in aller Munde.
Was soll das Wort bedeuten,
von was gibt es mir Kunde?

Sind es jene, die auf Sprache
und auf ihre Heimat sehen?
Hier würde ich den Zusammenhang
von Wort und Sinn verstehen.

Doch wie mir scheint,
ist das Gegenteil davon gemeint.
Ich glaube jener ist hier angesprochen,
der Heimatliebe mit Offenheit vereint.

Wenn ich hier falsch nun liege,
bessert mir das bitte aus.
Ansonsten kenn ich mich mit der Bezeichnung
„Gutmensch“ nicht mehr aus.

Ich hab den Sinn verstanden

Obwohl das Wort zweideutig ist,
hab ich den Sinn verstanden.
Meiner Meinung nach, ist die Logik
der Bezeichnung nicht vorhanden.

Ich nehm es hin, so wie man´s meint,
dagegen wächst kein Kraut.
Dafür sind manche Stimmen
für mich schon viel zu laut.

Die Menschheit so zu unterteilen,
das halt ich für gefährlich.
Man sollte sich das eingestehen,
das Wort ist schlicht entbehrlich.

Geplatzte Träume

Geplatzte Träume sind wie Stiche, sie dringen tief ins Herz.
Was daran so schrecklich ist, ist nicht allein der Schmerz.
Neuausrichtung, Orientierung ist nachher angesagt.
Sich ganz schnell zurechtzufinden, das wäre wohl gefragt.

Man baut sich seine Träume auf, erst mal einen kleinen,
dann wird man zuversichtlich und baut schon wieder einen.
Leider ist ein Traumgebilde für den Träumer nicht gesund,
denn Bauten wie die Träume sind, steh´n auf weichem Grund.

Es gibt zu viele Hindernisse und Gegner obendrein.
Dass ein Traum sich so erfüllen wird, trifft meistens so nicht ein.
Für den Träumer ist er Wirklichkeit, er hält sich daran fest.
Bis er erkennt, dass er geplatzt, bis er ihn fallen lässt.

Dass Träume sich erfüllen, die man selber aufgebaut,
da hilft auch nicht der Standpunkt, dass man darauf vertraut.
Da hilft nur Zittern, Hoffen, Bangen, nichts hilft die Ungeduld.
Wer auf Träume seine Zukunft baut, ist selber daran schuld.

Das Gleichgewicht

Jüngst schickte man Waffen in die arabische Welt.
Man konnte nun hoffen, auf blutiges Geld.
Waffen an die Saudis, wie soll man das nennen?
Wenn wir uns im Lande als neutral noch bekennen.

An die Saudis Geräte, die man im Kriege verwendet.
Somit ist unsere Neutralität hiermit wohl beendet.
An den Minister die Frage: „ Warum und wofür?“
Niemand versteht diese Handlung nun hier.

Der Minister sprach kurz, wie es seinem Namen gerecht:
„ Wenn wir nicht liefern, ergeht es den Saudis wohl schlecht.
Was sollen wir machen, denn liefern wir nicht,
fehlt es im Nahen Osten an Gleichgewicht.“

Das gibt mir zu denken, mein Gehirn rotiert.
Jetzt habe ich folgenden Vorschlag notiert:

Es gibt genug Bomben, mehr als man benötigen möcht.
Sie lagern zu Hauf, nur verteilt sind sie schlecht.

So viele von den Bomben in den Atombunkern steh'n.
Jedem Land auf der Erde davon gebe man zehn.
Dann sind alle zufrieden, auf Streit ist niemand erpicht.
Das wäre das sicherste Gleichgewicht.

Hinter den Kulissen

Hinter die Kulissen würde ich gern sehen.
Dort möchte ich einen Blick hinwerfen, wo die Akteure stehen.
Ein kurzer Blick würde genügen,
wahrscheinlich wäre ich geheilt.
Oder es hätte mich der Schlag getroffen,
das Schicksal mich ereilt.

Die Kulissen sind gut aufgebaut, sie sollen mich betören.
Was hinten rum gesprochen wird, das soll ich gar nicht hören.
Ich wünsche mir von Herzen, dort einmal hineinzusehen.
Was die dahinter Stehenden, dort für Dinger drehen.

Mal tritt auch ein Akteur hervor, ins grelle Lampenlicht.
Doch was die anderen hinten treiben, verrät er leider nicht.
Er erzählt mir, dass er sich bemüht, was anderes sagt er nicht.
Er lügt mit frecher Mine, mir direkt ins Angesicht.

Was hinter den Kulissen reift, wird vorne nicht erzählt.
Zum Verschleiern und Verdrängen, dazu sind sie auserwählt.
Was ich zu sehen kriege, ist nicht mehr als nur ein Schaum.
Die ganze Politik ist nur ein böser Traum.

Wenn die Handlung gegen Recht und Ordnung geht,
was leider oft passiert,
dann wird schnell das Gesetz geändert, dann wird es novelliert.
Der Einfallsreichtum der Akteure ist außerordentlich enorm.
Dann ist die gesetzte Handlung, mit dem Gesetz konform.

Hinter den Kulissen herrscht so mancher Trick.
Man dreht aus einer dünnen Schnur, einen festen Strick.
Zum Strick kommt noch dazu ein Teil,
daraus wird ein starkes Seil.

Daran seilen sie sich gemeinsam hoch, bis in die lichten Höhen.
Damit sie dann im Rampenlicht unangefochten stehen.
Dort baut man dann Kulissen auf, um das Blickfeld einzuengen.
Um das dumme Volk, das nichts versteht,
von der Bühne zu verdrängen.

Dort spielen sie nun wiederum mit Stricken und mit Seilen.
Sich gegenseitig hoch zu helfen, sich wieder sie beeilen.
Wie soll ich mich verhalten, ich als Teil der breiten Masse?
Was kann ich unternehmen, gegen die korrupte Klasse?

Meine Mittel sind beschränkt, zum Teil nicht mal vorhanden.
Ich soll nicht hören und nicht sehen, so viel hab ich verstanden.
Ich komm nicht hinter die Kulissen,
ich müsst mich schon verirren.

Oder ich müsst auch einer sein, einer von den ihren.
Was trennt mich nun von den Akteuren,
dort hinter den Kulissen?
Es sind nicht die Kulissen, es ist nur mein Gewissen.

Gedankengänge

Es blickt der Mensch hinauf, zu den Monden, zu den Sternen.
Sein Augenmerk hat er gerichtet, in unendlich weite Fernen.
Er baut Raketen sich dafür, für Transport und die Logistik.
Wer von den Mächten vorne liegt, zeigt allein nur die Statistik.

Da wird viel Geld verpulvert, die Mittel, die woanders fehlen.
Darüber einmal nachzudenken, möchte ich empfehlen.
Der Blick ist dorthin gerichtet, wo man glaubt,
dass man was findet.
Der voran das treibt, den nichts mehr irdisch bindet.

Er sieht nicht mehr in den Slums die Hütten,
die man Heimstatt nennt.
Weil er nur die Ferne und nicht das Elend kennt.
Man nehme was vom großen Kuchen,
es genügten schon Prozente,
mit denen man in Not und Elend, dort viel bewirken könnte.

Ein Raketenstart nicht durchgeführt, das ergäbe richtig Sinn.
Dann könnten Mittel fließen, bis zu den Hütten hin.
Man sagt mir: „ Das sind Arbeitsplätze, man tut alles nur dafür."
Hier arbeiten die Falschen dran,
das Argument zieht nicht bei mir.

Wer niemals noch ein Haus von innen sah,
den interessiert die Ferne nicht.
Der hat nur einen Horizont, nämlich, woran es ihm gebricht.
Der Mensch flog schon zum Mond,
jetzt versucht man es beim Mars.
Angesichts des Elends in der Welt, seh ich das als Farce.

Ich will gar nicht die Kriege zählen, die angezettelt sind.
Man hört nicht mehr den Vogelsang,
nur Donnergrolln im Wind.
Nur Phosphor auf die Elendshütten und Brandbeschleuniger.
Der davon Betroffene kann nur noch fragen,
von wo kommt der Tod daher?

Ich könnt auch von der Heimat singen,
von Lust und schönen Liedern.
Denkt weiter, tiefer, liebe Freunde, muss ich darauf erwidern.
Schön ist unser Heimatland, ja, ja, das stimmt nun wohl.
Doch angesichts des Untergangs, klingt diese Phrase hohl.

Ich bin nicht euer Spielverderber, mir sagt ein Geist das ein.
Wenn ich denke, wenn ich schreibe,
kann ich nicht ich selber sein.
Ich kann nicht nur an Heimat denken,
ich denk auch an die Sterne.
Ich denk auch an die Slums im Dreck,
ich denk auch an die Ferne.

Die Gedanken treiben mich sogar, bis an mein eigenes Grab.
Das alles und noch mehr, deck ich gedanklich ab.

Termine

Was hab ich schon Termine eingehalten,
seitdem ich aufrecht gehe.
Doch vorher war schon ein Termin, ich freudig hier gestehe.
Ich bin geboren worden, die Stunde war fixiert.
Der Termin war wohl wichtiger, als was nachher ist passiert.

Ich war schon auf dem Weg, ich hielt mich pünktlich dran.
Ab dieser Stunde X mein Dasein hier begann.
Den ersten Schultag seh ich heute noch als erste Pflicht.

Das war ein wichtiger, denn Kindergarten gab es nicht.

Den Termin um 8 Uhr morgens,
hab ich wohl zweitausendmal gezählt.
Somit waren meine Nerven für den Termin schon gut gestählt.
Er wurde zur Routine, was man oft macht, macht man leicht.
In diesem Sinne war für den Termin, eine Übung schon erreicht.

Termine gab es weiterhin und zwar wieder jeden Tag.
Als Bäcker morgens früh aufstehn, das sah ich nicht als Plag.
Ich hielt das viele Jahre durch,
doch nebenbei und unterdessen,
gab es Termine noch zu Hauf, das möchte ich nicht vergessen.

Das erste Rendezvous war einer nur davon.
Ich kann mich nicht erinnern mehr,
zu entfernt ist das nun schon.
Termine gab es allzu viele, die hätt ich gern vermieden.
Doch sie außer Acht zu lassen, war mir nicht beschieden.

Ob es nun das Stadtamt war, die Bank und die Finanz.
Die Steuerfahndung und die Polizei
machen diesen Reigen ganz.
Die Termine machten keinen Spaß, die nahm ich halt zur Not.
Ich musste sie erfüllen, es ging um Geld und Brot.

Die Zeit verging, der Sturm dahin, das war ein gutes Zeichen.
In meinem Terminkalender, wollt ich sie alle streichen.
Was brauch ich noch Termine, das ist die gute Frage?
Wenn ich trotzdem mich noch binde, mach ich das nur vage.

Schau ich auf vergangene Zeiten,
erfüllt mich das mit Schaudern.
Über Termine, die ich ausgelassen, möchte ich nicht plaudern.
Dass mich noch ein Termin ereilt, kommt eher selten vor,
denn wenn es um Terminabmachung geht,
bin ich taub am rechten Ohr.

Ein Termin erzeugt den Zwang in mir, ich fühle mich gebunden,
in meiner Freiheit eingeschränkt, das sag ich unumwunden.
Vergeht die Zeit, wieviel auch immer,
das kann ich nicht bemessen.
Ein Termin wird sicher kommen, das darf ich nicht vergessen.

Ein Termin wird es nur sein, es sind nicht deren zwei.
Dazu werde ich mich bekennen, ich wünsch ihn nicht herbei.
Zu dem Termin, den ich bekomme, sag ich auch nicht nein.
Dann werde ich mich bemühen, ich werde pünktlich sein.

Der Euro Bär

Europa sollte Vorbild werden, die Idee war lobenswert.
Doch was täglich uns wird vorgespielt,
läuft längst schon ganz verkehrt.
Wo ist ein Weg, wo ist das Ziel? Ich kenn mich nicht mehr aus.
Was gelten heut für Regeln noch, in dem Gemeinschaftshaus?

Jeder macht das was er will, die Einheit ist begraben.
Der „Euro Bär" ist schwer verwundet, er trägt sehr viele Narben.
Was früher war, als grenzenlos euphorisch hochgelobt,
dort jetzt an jeder Landesgrenze ein Abwehrkleinkrieg tobt.

Ich zücke wieder meinen Reisepass, stehe lange Zeit im Stau,
Wie das noch einmal enden wird, weiß ich nicht genau.
In der Gesinnung der Politiker, vollzog sich ein jeher Wandel.
Einmal so und einmal so, das ist ein schlechter Handel.

Die Akteure, die dahinterstehen, sind nicht wert,
dass man sie wählt.
Alle, die das mitbewirkt, hätt ich gern aufgezählt.
Doch will ich genau aus diesen Gründen,
nicht ihre Namen nennen.
Es wäre mir sehr angenehm, würde ich sie nicht mal kennen.

Vergessen sollten wir am besten, was gestern war und heut.
Über die Akteure nicht mehr reden, in einer späteren Zeit.
Wer einmal lügt, dem glaubt man nicht, egal was er verkündet.
Weil jedes weitere Wort, von der Wahrheit ihn entbindet.

Heute so und morgen so, das ist ein Standpunkt nicht.
Wer so was macht und wer so spricht, der hat kein Angesicht.
Ich seh nur eine leere Fratze,
die Konturen sind verschwommen.
Von meiner Sicht der Dinge ist niemand ausgenommen.

Was täglich nun da vor sich geht,
versteht kein Mensch mehr ganz.
Deshalb strafe ich, die uns regieren wollen,
mit meiner Ignoranz.

Wir sind wie Marionetten

Wir sind allesamt nur Marionetten und wissen nicht genau,
wer im Hintergrund die Fäden zieht,
denn die machen es ganz schlau.
Man lässt uns zappeln an den Bändern,
grad so viel, so dass wir meinen,
wir könnten, was wir machen, mit unserem Glück vereinen.

Wir haben bald kein Bargeld mehr,
man spricht schon lautstark drüber.
Alles nur mehr übers Konto, wär den Banken lieber.

Dann sind wir ausgeliefert, sind nackter noch als nackt.
Die Bank hat uns inzwischen schon hautnah eingesackt.

Wir sind, wie niemals vorher, weltweit schon vernetzt,
doch wenn wir wüssten, wer alles mithört, wären wir entsetzt.
Nun wird man unsere Krankheit speichern, ELGA sei nun Dank.
Es leuchtet ein Alarmsignal, falls wir mal wieder krank.

Dort sieht man schon auf einen Blick,
was man verschreiben kann.
Man sagt, dort wird man gleichbehandelt,
egal ob Frau, ob Mann.
Der Kranke wird dann eingestuft in verschiedenen Kategorien.
Wer einmal dort gespeichert ist,
dem wird das Kranksein nicht verziehen.

Wir sind nicht nur nackt, wie neugeboren,
wir sind gläsern auch inzwischen.
Die persönlich große Freiheit, kann man vom Tische wischen.
Auf Knopfdruck sind wir ausgeliefert, dies sind wir lange schon.
Dass wir noch selber denken können, ist leider Illusion.

Sie sitzen schon in unserem Hirn, legen dort den Schalter um.
Wir machen, was sie wollen und wissen nicht, warum.
Ich warte drauf, dass jemand kommt und mir den Chip einbaut.
Der soll doch ungefährlich sein, dort unter meiner Haut.

Ich könnt nicht mehr verloren gehen,
ich würd nicht mehr vermisst,
denn der Chip gibt Auskunft drüber,
wohin du gehst und wo du bist.
Ich würde dann agieren, wie von jemand ferngesteuert.
So könnte es geschehen, auch wenn man es beteuert.

Es ist der blanke Wahnsinn,
was man uns an Möglichkeiten bietet.
Wir sind nicht freie Menschen mehr,
wir sind längst schon um genietet.
In alten Zeiten war die Knechtschaft üblich,
heut genügt die sanfte Tour.
Wir sind zwar noch nicht Knechte, doch Marionetten nur.

Die Gelegenheit

Ein Jäger ging einst durch den Wald, dort sah er einen Hasen.
So wie er sich das angewöhnt, wollt er ins Horn nun blasen.
Doch er war nicht auf Treibjagd, auch das Horn war nicht dabei.
Bei einem Hasen nützt auch nicht, ein lautes Jagdgeschrei.

Er wollt den Hasen schießen,
doch für den Hasen, Gott sei Dank,
des Jägers Büchse hing daheim, versperrt in einem Schrank.
So war der Jäger machtlos, der Hase lacht sich was.
Es war noch nicht der Zeitpunkt, für einen Aderlass.

Der Jägersmann ging so dahin, ganz friedlich war er heut.
Er benahm sich auch nicht anders, wie sonst im Wald die Leut.
Mal sah er einen Pilz dort stehen, mal fand er rote Beeren.
Die auch selbst mal zu probieren,
konnte niemand ihn verwehren.

Ein Reh stand dort ganz ruhig, bei einem Haselstrauch.
Der Jäger war ganz aufgeregt, wie es sonst bei ihm der Brauch.
Wenn er seine Büchse hätte, was hätte er für Freud.
Für einen guten Schuss, wär grad die richtige Zeit.

Er würde kurz mal anvisieren, über Kimme, Korn, dann Schuss.
Des Rehleins Leben wär zu Ende, zu Ende und am Schluss.
Doch es fehlt ihm die Gelegenheit,
nichts ist mit Waidmannsheil.
Heut ist er nun kein Jäger, denn es fehlt von ihm ein Teil.

Ohne Waffe ist er nicht halb so viel, wie er es ist gewohnt.
Heut hat er keine Büchse mit, somit das Wild geschont.

Man stelle sich nun dieses vor: Ein Heer marschiert drauf los.
Es sind Soldaten, kampfbereit, doch ohne Waffen blos.
Falls sie auf Feinde treffen würden, dann gäb es ein Gedränge.
Es gäbe keine Schießerei, nur ein gröberes Handgemenge.

Man stelle sich mal dieses vor, was wär das für ein Krieg?
Niemand hätte hier verloren, doch jeder seinen Sieg.
Die Gelegenheit macht Diebe, die Gelegenheit bringt Tod.
Vernichtet alle Waffen, bis zum letzten Aufgebot.

Kinder an die Macht

Kinder an die Macht soll die Devise sein.
Man sollte noch zur rechten Zeit vom Mammon sie befrein.
Legt die Macht in Kinderhände, auf denen klebt kein Blut.
Solang die Hände sauber sind, so lang ist alles gut.

Wir sehnen uns nach Freiheit und nach Frieden,
doch diese Attribute gibt es nicht hienieden.
Wir sprechen oft von Gerechtigkeit, die gibt es nur bedingt.
Es ist meistens die Gerechtigkeit,
die der Reichtum mit sich bringt.

Wir fordern Menschenrechte und Brote für die Armen,
doch unserer Gesellschaft fehlt es an Erbarmen.

Wir werden auch regiert, doch das sind Übelstände.
Ich meine dass man ohne sie, sich besser dran befände.

Kinder an die Macht, soll die Devise sein.
Man sollte es nicht nur sagen, man müsste lauthals schrein.
Kinder sind noch ehrlich und kennen nicht Intrigen.
Wenn Kinder uns regierten, es würde Eintracht siegen.

Wenn ein Kinderparlament, vertritt Gesetz und Recht.
Wir würden gut vertreten, es wär bestimmt nicht schlecht.
Wir alle ahnen zwar, was alles aus dem Ruder läuft.
Dass der Flüchtling aus Schwarzafrika,
im Mittelmeer ersäuft.
Die Weltkonzerne streiten sich um größtmöglichen Gewinn.
In unserem Nahrungsmittel ist Gift und Galle drin.

Kinder an die Macht soll die Devise sein.
Kinder sind noch unverdorben und können schnell verzeihn.
Sie kennen keine Seilschaft auf der Karriereleiter.
Nur Fleiß und Strebsamkeit bringt sie ein Stückchen weiter.
Abhängigkeit von den Konzernen
hat Folgen wie der böse Blick.
Sie bestimmen wo es lang geht, in der großen Politik.

Der Bürger wird verschaukelt und für dumm verkauft.
Ob der Art und Weise man sich die Haare rauft.
Das Geld das Wissenschaft und Bildung fehlt,
fließt in die Rüstungsindustrie.
Dass Rüstung Frieden bringt, davon hörte man noch nie.

Kinder an die Macht soll die Devise sein.
Kinder würden besser handeln, da schwör ich Stein und Pein.
Die Welt wär ohne Waffen, ohne Waffen und Gewalt.
In unserer Gesellschaft der Schuldner
mit Vergeltung wird bezahlt.

Not und Übelstände die schreien himmelhoch.
Während ein kleiner Teil der Menschen
ihren Reichtum, mit List vermehren noch.
Der Preis für Nahrungsmittel
wird für die dritte Welt künstlich hochgehalten,
damit sich die Konzerne ihre Gewinne frei gestalten.

Kinder an die Macht, soll die Devise sein.
Kinder würden friedlich leben und nicht nur so zum Schein.
Es gibt tausend Argumente
warum man Macht an Kinder übertragen sollte.
Die Welt wär frei von Kriegen, von Elend und Revolte.

Nach Freiheit soll man streben,
nicht nach Reichtum und Gewinn.
In der Freiheit der Gedanken ist der größte Reichtum drin.
Der Mensch soll sich entfalten nach seinen Möglichkeiten.
Freiheit, Fairness, Toleranz
würden sich ganz schnell verbreiten.

Kinder an die Macht muss die Devise sein.
Wir sollten das beherzigen, sonst geht die Welt noch ein.

Freiwillige vor!

Freiwilligkeit zieht mich in ihren Bann.
Freiwillige vor, ihr kommt als erstes dran.
Ohne sie steht vieles still, gelöscht würd auch kein Feuer.
Ohne Freiwillige wäre vieles viel zu teuer.

Sie helfen und sie rackern nur um Gottes Lohn.
So ist es heut, so war es auch zu alten Zeiten schon.
Die Feuerwehr, das Rote Kreuz, sind zwei Beispiele von vielen.
Sie alle in der Gesellschaft eine große Rolle spielen.

Sie sind bereit stets Tag und Nacht,
bei Krankenfahrt und Feuerwacht.
Die freiwillige Schar die ist noch zu ergänzen.
Es ist die Ärzteschaft der „Ärzte ohne Grenzen.“

Sie lindern Not und Elend, wo kein anderer es kann.
Fern der Heimat, bedingungslos, stellen sie den Mann.
Sie sind der Ärmsten Hoffnung, bei Krankheit und bei Not.
Für viele ist es schon zu spät, es wartet nur der Tod

Es ist der Ärzte Arbeit nur wie ein Tropfen auf den heißen Stein.
Für den Totgeweihten wird er trotzdem die letzte Hoffnung sein.
Freiwillige meldet euch, euch gebührt die große Ehre,
denn wegen eurer Hilfsbereitschaft
niemand die Ehre euch verwehre.

Es gab und gibt auch welche, die gehen freiwillig sterben.
Sie lassen sich für Sprengkommandos,
für ihre Ideale werben.
Ein Sprengstoffgürtel um den Bauch,
ein kurzer Krach, Blut, Staub und Rauch.

Die Seele fährt zum Himmel oder sonst wohin.
Ob dieser Vorgangsweise ich sehr verwundert bin.
Mit möglichst vielen Opfern macht er seine Sache gut.
Blut soll er vergießen, möglichst fremdes Blut.

Soldaten sind in den Krieg gezogen, schon seit eh und je.
Mit einem Lied gesungen und mit viel Juchhe.
Freiwillige vor, hat gelautet die Devise.
Der Krieg hat sich entpuppt als Sturm
und keinesfalls als Brise.

Erst froher Mut, dann ein aus dem Traum erwachen.
Der Krieg ist schrecklich, zeigt sich in tausend Sachen.

Freiwillige vor, hinunter in den Schützengraben.
Ihr seid die ersten die erreicht, des Feindes heiße Garben.

Dort im Erdenloch gibt es nichts mehr zum Ergötzen.
Im Kugelhagel trifft ihn nur noch das Entsetzen.
Viel wirst du für sein Leben nicht mehr geben.
Freiwilligkeit ade, er will nur überleben.

Die Hand ist weg, er hat noch großes Glück,
viele seiner Kameraden kehren nicht nach Haus zurück.
Er kann sich rühmen, hat freiwillig seine Hand gespendet.
Des Kameraden Leben hat im Erdloch drin geendet.

Freiwillig ist er in den Krieg marschiert.
Die Schuppen fallen von den Augen, er hat sich groß geirrt.
Freiwillig in den Krieg, wie soll ich das verstehen?
Dorthin würd ich auch unter größtem Zwang nicht gehen.

Gewalt ist keine Lösung, wie man täglich sieht,
denn täglich auf der Erde man in die Kriege zieht.
Wenn Krieg die Lösung wäre, wäre Friede ohne Ende.
Zieht nicht in den Krieg, das wär die große Wende.

Versprechen gebrochen.

Die Hand die dich füttert, die wirst du nicht beißen,
so hat es schon in der Antike geheißen.
Julius Cäsar gab damals schon
Brot und Spiele den Römern zum Lohn.

So konnte er sein Volk bei der Stange halten
und sein Reich über Jahrzehnte mit List er verwalten.
Die alten Römer sind lange schon tot.
Heute tun es andere Gaben zur Not.

Der eine gibt Geld, der andere Ware,
Versprechungen immer, bis hin zur Bahre.
Mach du auf dem Zettel den richtigen Strich,
vergiss nicht auf mich, ich füttere dich.

So hört man es oft, so klingt es ans Ohr,
in einschmeichelnder Rede, im sanften Tenor.
Und machst du das Kreuz oder deinen Strich,
du hast es vollbracht, damit hat es sich.

Auf die Fütterung kannst du lange warten,
denn der andere spielte mit falschen Karten.
Fünf Jahre sind eine beachtliche Frist,
wer weiß ob du dann noch am Leben bist.

Und solltest du sein, so ist auch alles gut,
denn dann kommen die anderen mit neuem Hut.
Sie reden und streichen dir Butter ums Maul,
mit dieser Methode, darin sind sie nicht faul.

Du glaubst es wieder, fällst wieder drauf rein,
auf den bewussten Zettel steht wieder kein Nein.
Das geht so dahin, bis zu Sankt Nimmerlein.
Dein Kreuz auf dem Zettel
bringt nur Enttäuschung dir ein.

Du hast denen und auf das Futter geglaubt,
bist schon lange aller Illusionen beraubt.
Trotzdem kommt es immer noch vor,
dass die einschmeichelnden Reden erreichen dein Ohr.

Der eine gibt Geld, der andere Ware.
Nimm sie endlich an die Kandare,
steh endlich auf, zeig einmal Mut
und mach was man mit solchen Falschspielern tut.

Sie bereichern sich immer und sitzen im Nest,
so lange wie man sie irgendwie lässt.
Wie damals Cäsar mit Brot und Spiele
das auch heute so manchem trefflich gefiele.

Doch Brot und Spiele ziehen nicht mehr,
da müssen andere Mittel her.
Der eine verspricht dies, der andere das,
es ist ein Versprechen ohne Unterlass.

Nur halten, ja halten das kann man nicht,
so dass dann jeder sein Versprechen bricht.
In Wien sagt es einer öffentlich:
„Was ich vorher verspreche, halte ich nicht.

Wir können nicht immer nur Wahrheit geben,
wir müssen schließlich auch von was leben."
Hast du gemacht auf dem Zettel den richtigen Strich,
dann teilen sie die versprochenen Gaben unter sich.
Du wartest auf Futter, das man dir hat versprochen.
Du wartest vergeblich, Versprechen gebrochen.

Dein Freund und Helfer

Die Polizei, dein Freund und Helfer, so heißt ein Werbeslogan.
Wenn du an diese Worte glaubst, so bist du schon betrogen.
Der Polizist steht meistens da, wo du ihn nicht vermutest,
mit der Kamera im Anschlag, damit du wieder blutest.

Schon hat er seine Kelle in der Hand,
er winkt damit bestimmend, dich an den Straßenrand.
Er macht erst eine Runde um dein Fahrzeug
und sieht dich prüfend an.
Er denkt jetzt mit Bestimmtheit nach, wie er dich kriegen kann.

Hast du Schuld geladen, dann ist die Sache klar,
dann ist es wohl das Beste
du legst dein Innerstes zur Gänze vor ihm dar.
Wirf dich ihm zu Füssen und hechle dort um Gnade.
Jedes weitere Wort wäre jetzt noch viel zu schade.

Falls du noch im Fahrzeug sitzt, dann mach dich winzig klein,
denn jeder Anschein einer Größe,
kann für dich nur schädlich sein.
Vielleicht gelingt es dir und du machst dich unsichtbar.
In diesem Falle wäre die Sache für dich klar.

Er stünd vor einem Phänomen,
würd es wahrscheinlich nicht begreifen.
Es würde ihm vergehen Busgelder ein zu streifen.
Ich nehme an, die Unsichtbarkeit, die wird dir nicht gelingen.
In diesem Falle musst du zu Ende bringen,
was nicht zu ändern ist.
Begreif es erst einmal, dass du nur Zweiter bist.

Am besten, du setzt ein Lächeln auf die Lippen.
Versuch auf keinen Fall an deine Stirn zu tippen.
Schäl dich geschmeidig aus deinem Sitz heraus.
Wenn du hier Fehler machst, ist seine Stirn schon kraus.

Falls du ein langer Lackel bist, dann gehe etwas in die Knie.
Dass du ihn womöglich überragst, verzeiht er dir als Sünder nie.
Denn kleinsten Fehler nur und es ergeht dir ziemlich schlecht.
Er hat alle Fäden in der Hand, er verkörpert ja das Recht.

Falls du noch etwas zu sagen hast, so bring es leise vor,
denn laute Töne verträgt nicht eines Gesetzeshüters Ohr.
Leg ein Zittern in die Stimme,
auch Stottern könnt behilflich sein.
Jede Art der Demut bringt eine mildere Strafe ein.

Gib ihm alle Unterlagen, wenn nötig auch dein Tagebuch.
Du hast keine andere Wahl, das ist des Untertanen Fluch.
Einen Ratschlag hätt ich noch, du könntest seine Stiefel putzen.
Sei dir nicht zu schade, es ist dein eigener Nutzen.

Er hat dich schon am Boden und du windest dich im Staub.
Diese Art der Hilfe wird noch gesetzlich toleriert,
doch das ist der moderne Straßenraub.

Die Sammler

Der Mensch war schon ein Sammler in prähistorischen Zeiten.
Denn nur vom Sammeln von gewissen Dingen
konnte er seine Mahlzeit zubereiten.
Körner, Beeren, Gräser, Samen, hat die Natur bereitgestellt,
die hat er eingesammelt mangels eigenem Getreidefeld.

Durch das Sammeln der Ernährung erlangte er die Kraft.
Es erfolgte aus der Not heraus,
war keineswegs noch Leidenschaft.
Tausend Jahre später und noch viele mehr
sammelt er noch immer, aber nicht nur Dinge zum Verzehr.

Er häuft jetzt Dinge an, will ein Geschäft damit lukrieren.
Mit Gewinn sie zu veräußern will er ab nun probieren.
Nochmals tausend Jahre später und noch viele mehr,
hat man das Geld erfunden,
Er ist nun frei in seinem Handeln
und nicht mehr an ein Tauschobjekt gebunden.

Jetzt sammelt er nur Geld in Bogen und in Bausch.
Die Sammelwut hat ihn gepackt, es ist ein wahrer Rausch.
Wieder tausend Jahre und noch viele mehr, hat er Geld genug,
es locken andere Dinge.
Er sammelt zum Vergnügen, als ob es um sein Leben ginge.

So mancher sammelt Taten,
die vor dem Gesetze nicht bestehen.
Wenn er dabei erwischt wird, wird er in ein Gefängnis gehen.
Das ist die eine Sorte,
der Spezies, die auf zwei Beinen geht.
Diesem gegenüber, der Angenehmere,
von dieser Spezies steht.

Der sammelt Schmetterlinge und was weiß der Kuckuck noch.
Auch wenn er keine Verwendung dafür hat,
er sammelt eifrig doch.
Viel hat sich schon angehäuft, in seinem Repertoire.
Man sollt es nicht für möglich halten,
doch es gehört zum Inventar.
Marken für die Post, Uhren, Gläser und Geschirr,
jedoch für Maschinen, Autos, Möbel,
braucht man viel Platz dafür.

Es gibt auch welche, die sammeln Bücher,
in unvorstellbar großen Mengen.
Sie sammeln weiter, bis die Bücher
ihren Lebensraum beengen.
Bücher, Bücher überall, man darf das nicht vergessen,
man sammelt eifrig weiter, man kann sie nicht alle lesen.

Man braucht sie nicht zum Überleben, trotzdem nimmt man an,
dass man ohne Bücher, nicht mehr weiterleben kann.
Lassen wir den Sammlern die Freud an deren Zeitgestaltung.
Wir tragen auch nichts bei,
an deren Sammelsurium Verwaltung.
Der Sammler kann für seine Leidenschaft,
meistens nichts dafür.
Er schadet niemanden damit, auch nicht dir und mir.

Außen und innen

Es steht ein Kasten an der Wand.
An dieser Stelle sich nie was anderes befand.
Er besteht aus Holz, die Beschläge sind aus Eisen.
Diese feine Arbeit muss ich neidlos preisen.

Biedermeier würd ich sagen, nach meiner Kenntnisweise.
So ein schöner Kasten, erzielt heut hohe Preise.
Der brave Handwerksmann, der dieses Werk vollbracht,
bei der Entstehung dieses Kastens
hat dabei sich was gedacht.

Wahrscheinlich hat er geschuftet für einen Hungerlohn.
Diese Art der Entlohnung war verbreitet damals schon.
Der Kasten ist noch edel, er wirkt gewissermaßen würdig.
Jetzt stelle ich die Frage: „Ist der Inhalt ebenbürtig?“

Ich weiß nicht mehr was drinnen ist, das habe ich vergessen.
Als ich ihn das letzte Mal geöffnet hab,
das ist vor langer Zeit gewesen.
Ich vermute, in den Laden drinnen, Spitzen oder Seide.
Platz ist ja genug darinnen, vielleicht liegen drinnen beide.

So ein nobles Äußeres verpflichtet,
zu Höherem gewissermaßen.
Da soll sich auch der Inhalt, können ohne Makel sehen lassen.
Für alten Schmuck und Uhren wäre er das richtige Ambiente.
Auch eine teure Markensammlung, ich darinnen sehen könnte.

Womöglich liegen drinnen keine teuren Sachen
und der Kasten ist gar leer.
Als ich das letzte Mal hineingesehen habe,
das ist schon lange her.

So ähnlich ergeht es mir bei Menschen,
die ich angestrengt betrachte.
Vor allem das Äußere ich erst allgemein beachte.

Was hab ich alles schon erlebt mit Außen und mit Innen.
Es ist bei vielen Menschen so,
man kann den Einblick nicht gewinnen.
Außen hui und innen pfui, das hab ich schon öfter so gehört.
Wenn das Innere nicht hält was das Äußere verspricht,
mich das am meisten stört.

Erst neulich wurde ich überrascht auf positive Weise.
Nach außen verkörpern sie den Rüppel,
doch innen sind sie fromm und leise.
Ein Pärchen lernte ich kennen, nach dem ersten Augenschein,
hätte ich vermutet, es könnten Rocker sein.

Doch nach den ersten Worten,
wurde ich eines Besseren belehrt,
denn ihre Ausdrucksweise, hat sich ganz bieder angehört.
Auch im umgekehrten Sinn, habe ich Menschen schon erlebt.
Nach der äußeren Erscheinung lammesfromm,
doch nach den ersten Worten, hat die Erde schon gebebt.

So ist das mit dem Sein und Scheinen.
Wie bei den großen Leuten, so auch bei den kleinen.
Ob ich den Kasten von außen nur betrachte
und den Inhalt nur vermute,
so ist es bei den Menschen. Dazu wünsch ich alles Gute.

Der Kreislauf

Erst schluckt er es, dann speit er es heraus.
Was anfangs appetitlich war, ist hinterher ein Graus.
Unmengen gibt es schon davon,
mancherorts wird es zur Plage.
In vielen Ländern von der Welt, wird es zur Einser Frage.

Was einmal appetitlich war, ist wenig später hin.
Es gibt davon im Überfluss, wir baden förmlich drin.
Als ich noch ein kleiner Knabe war,
habe ich das Übel nicht gekannt.
Erst schlucken und dann speien, das war mir unbekannt.

Damals wurde nur geschluckt und die Reste noch verwertet.
Mein Verdacht, dass wir auf dem Holzweg sind,
der hat sich jetzt erhärtet.
Der Schlucker kommt in Zeitabständen
auch hier bei uns vorbei.
Wenn er einmal streiken würde, das wär nicht einerlei.

Dann steht er auf der Straße
und schluckt und schluckt und schluckt.
Wenig später er dann alles auf einen Haufen spukt
Wenn ich es oberflächlich überblicke,
dann fehlt mir die Logik drin.
Ich frage mich ob ich mit dieser Überlegung
nicht ganz alleine bin?

Diese Art von Unsinn bringt Geld und Arbeitsplätze.
Wobei ich die Arbeitsplätze viel mehr als Geld noch schätze.
Die Schlucker werden reich, sie werden richtig fett.
Diese Art der Geldbeschaffung auf keine Hutschnur geht

Die Schlucker nehmen auch das Gespeie wieder auf.
So ist die ganze Sache ein schöner Kreisumlauf.
Könnten wir auf diesen Kreisumlauf verzichten?
Darauf geb ich heute keine Antwort,
darüber werde ich später mal berichten.

Was ist das für ein Ding, das frag ich einfach nur?
Es ist der große Wagen, von der Müllabfuhr.

Mein Herz

Ich spür mein Herz wenn ein Wetterumschwung kommt.
Ich spüre es ganz deutlich, dass es in mir drinnen wohnt.
Jetzt in meinem Alter sollte ich es hegen und auch pflegen.
Es nimmt es mir auch übel, mich über Dinge aufzuregen.

Wie hat es früher oft geklopft, in meinen Jugendjahren,
als ich das erste Mal die Liebe hab erfahren.
Auch in meiner Jugend gab es oft Momente
wo ich glaubte, dass es zerspringen könnte.

Es hat bis jetzt geschlagen über eine lange Zeit.
Mich mit dem Leben zu versorgen, war es stets bereit.
Jetzt wird es selber alt und müde,
von den vielen Freundschaftsdiensten.
Das hätte ich früher nicht vermutet,
nicht in den Träumen in den kühnsten.

Ich trage es auf Händen und horche was es sagt.
Doch manchmal hör ich nicht
ob es überhaupt noch schlagt.
Ich stelle mir mein Herz so vor, wie eine innere Uhr,
doch bin ich mir auch sicher, es ist ein Muskel nur.

Vielleicht ist dieser Muskel im Lauf der Zeit
ein wenig abgemagert
oder in seinem Innern drin ist Kalk schon abgelagert.
Dass es nicht im Takt mehr schlägt, hat man mir gesagt.
Wie es mit meinem Herzen steht, hab ich auch nachgefragt.

Ich kann es ihm nicht verübeln, wenn es schon müde wird,
ist es doch schon lange Zeit, in mir drinnen einquartiert.
Ich habe es stets gefordert, ohne Rücksicht auf Verluste.
Das hab ich so gemacht, weil ich es nicht besser wusste.

Jetzt wart ich täglich drauf, wie es sich entscheidet.
Wenn ich manchmal traurig bin,
spüre ich, wie es mit mir leidet.
Es leidet mit mir und gibt mir ein Signal.
Es ignorieren darf ich nicht, in dem speziellen Fall.

Die schönen Dinge werden rar, wenn die Jahreszahlen steigen,
auch wird man selber mit der Zeit,
auch schon ein bisschen eigen.
So warte ich darauf, wie lange noch, es mit Leben mir versorgt.
Eines habe ich begriffen, auch mein Leben ist geborgt.

Meine Lunge

Wie einen Blasebalg kann ich meine Lunge so verstehen.
Ich habe eine Menschenlunge in Natur noch nicht gesehen.
Ich weiß nicht ob sie gut noch werkt,
ob sie schon schwächelt oder…?
Bestimmt ist sie schon angereichert
mit feinem Staub und Moder.

Was hab ich in meinem Leben Staub geschluckt,
ich hab es nicht verhindert.
Das ist es, was die Wirksamkeit meiner Lunge jetzt vermindert.

Ich war noch nie betrunken, ich hab auch nie geraucht,
doch müsst ich sie bewerten, dann sicher als gebraucht.
So ist es mit dem Menschen, mit den Jahren wird er reifen.
Meine Lunge ist schon reif, oft hör ich ein leises Pfeifen.

Es ist noch nicht bedrohlich, ich selber sag es mir.
Doch einen ganzen Marathon ich erst gar nicht mehr probier.
Lauf ich schnell die Stiege hoch, so werde ich bemerken,
wie in meinem Körper drinnen, Herz und Lunge werken.

Ist das Herz dran schuld, dass es das Blut nicht fördert,
nicht mehr schnell genug,
oder ist es doch die Lunge die zu wenig Sauerstoff mir bringt
in einem Atemzug?
Was machen Menschen oft, ohne darüber nachzudenken
wenn sie mit Asbest und Nikotin, ihre eigene Lunge kränken.

Sie stopfen täglich Gift hinein mit ruhigem Gewissen.
Wenn ich das auch so vollzogen hätte,
meine hätt es schon zerrissen.
Noch halbe Kinder rauchen schon
um dem Mainstream zu entsprechen.
Dass das nicht unterbunden wird ist schließlich ein Verbrechen.

Wie ist man froh nach vielen Jahren, wenn man älter wird,
dass zumindest eingeschränkt, die Lunge funktioniert.
Der Körper ist ein Meisterwerk, ein Zahn greift in den andern.
Wenn alle Zähne greifen kann man gesund und munter,
bis ins Greisenalter wandern.

Auf seinen Körper achtzugeben ist die Versicherung.
Die Jugend ist nur kurz, man bleibt nicht immer jung.
Egal wie lange ich noch mein Leben will genießen,
dass Herz und Lunge funktionieren, drauf bin ich angewiesen.

Das Planquadrat

Ich sitz auf einer Bank und starr so vor mich hin.
Heut hab ich Zeit, weil ich allein zu Hause bin.
Mangels anderer Beschäftigung, denke ich mir etwas aus.
Aus der Idee die ich jetzt hab, da könnt was werden draus.

Ein Planquadrat, groß wie ein Fenster,
ich mich zurecht jetzt rück.
Ich werfe meinen Blick dorthin, schon kommt ein Bild zurück.
Dieses Planquadrat ist in Meter, so circa zweimal zwei.
Auf vier Meter zum Quadrat, sieht man schon allerlei.

Meinen Blick hab ich darauf geheftet und die Fläche nun fixiert.
Jetzt bin ich schon gespannt,
was diese Fläche zum Vorschein bringen wird.
Ich sehe einen Holzstoß, davor nur feuchte Erde.
Auf der feuchten Erde, ich vielleicht jetzt fündig werde.

Hinter diesem Holzstoß steht eine Ziegelmauer.
Dort hat sich was bewegt, jetzt schaue ich genauer.
Es kommt mir vor, als hätte ich ein Mäuschen dort gesehen,
dort auf dem Holzstoß, wo zwei Blumentöpfe stehen.

Jetzt warte ich gespannt, ob ich das Mäuschen wieder sehe.
Deshalb mit meinen Blicken noch näher ran ich gehe.
Ein Spinnennetz so kunstvoll aufgebaut,
wie ich kaum noch vorher eines hab geschaut.

Die Spinnerin sitzt drinnen in ihrem Nest
und wartet auf der Lauer.
Ich beuge mich darüber, nun seh ich sie genauer.
Bei Spinnentieren kenn ich mich nicht aus,
für mich sind alle gleich.
Manche Tiere sind geheimnisvoll und die sind aus dem Bereich.

Jetzt guckt die Maus hervor, aus ihrem kleinen Loch.
Vielleicht ist das Tierchen sechs Zentimeter lang
und die Hälfte davon hoch.
Ein Augenzwinkern nur
und schon ist das Mäuschen wieder fort.
Zurück ist sie entwischt in ihren Mäusehort.

Die Spinnerin bewegt sich nicht, vielleicht ist sie eingeschlafen,
oder hat sie Ruhepause nun, sie scheint nicht viel zu schaffen.
In den Holzstoß, wo oben die Blumentöpfe stehen,
habe ich in einen Spalt, eine Biene fliegen sehen.

Eine zweite folgt ihr jetzt und fliegt auch dahinein.
Ist da ein Nest darinnen? Das kann gut möglich sein.
Oben auf den Blumen, sitzt ein Schmetterling,
er ist nur ein zarter Hauch.
Ein Spatz fliegt nun vorbei, herab vom Fliederstrauch.

Eine Hummel summt herbei und lässt sich vor mir nieder.
Kaum hat sie sich da abgesetzt, fliegt sie davon schon wieder.
Nun schau ich auf die Erde, gibt es da was zu entdecken?
Ich hab mich nicht getäuscht,
da kriechen schon zwei Schnecken.

Sie ziehen ihre Spur, wo Sand und Steine sind.
Sie sind hier fehl am Platz, das mein ich ganz bestimmt.
Sie gehören auch zur Tierwelt, wie die anderen Tiere all,
doch sind sie nicht willkommen, nein das auf keinen Fall.

Ein Regenwurm kriecht aus der Erde, ganz unverhofft hervor.
Wie er sich aus der Erde bohrt,
hab ich nie gesehen noch zuvor.
Zwei Käfer krabbeln nun hervor,
vielleicht sind es Mann und Frau.
Wie es bei den Käfern ist, weiß ich nicht genau.

Beide scheinen nun zu kämpfen
oder ist es ein Liebesspiel?
Was sie damit bezwecken, ich kenne nicht ihr Ziel.
Plötzlich bewegt sich was am Boden,
ein kleiner Hügel wächst empor.
Nun ist dort ein kleiner Berg, wo noch alles eben war zuvor.

Ein Maulwurf wird es sein, der hier unten gräbt und werkt.
Dass ich hier oben stehe, das hat er noch nicht bemerkt.
Eine Ameisenstraße läuft da drüber,
wo jetzt der kleine Hügel sich befindet.
Der Weg der kleinen Tierchen,
sich jetzt auf den Hügel windet.

Eine große Menge von den Tierchen,
die rennt nun schnell daher.
So wie ich das verstehe, ist das ihre Feuerwehr.
Eine große Zahl im schnellen Tempo sich hin und her bewegt.
Ich seh es ihnen an, sie sind ganz aufgeregt.

Was hab ich alles jetzt bemerkt, auf meinem Planquadrat?
Nun rechne ich mal hoch,
wie viele solche Flächen wohl unser Grundstück hat.

Da könnt ich schauen wie ich wollte, das wär ein Zeitvertreib.
Was ich auf meinem Planquadrat gesehen habe,
ich hier nun niederschreib.

Misslungen

Als Gott den Menschen hat erschaffen,
wie alte Schriften uns berichten,
tat er es nach seinem Ebenbilde. So war es wohl, mitnichten.
Denn hätt der Schöpfer so gehandelt
und sich ein Ebenbild erstellt,
dann wären hier wohl lauter Götter, hier unten auf der Welt.

Meine Theorie ist anders, ich versuch dies zu belegen.
Den Beweis will ich erbringen, nur der Ordnung wegen.
Gott ist Gott, ist Allgewalt, man sagt, er ist allmächtig.
Der Mensch hingegen, in seinem Elend,
erscheint mir eher schmächtig.

Es kann sein, dass Gott ein Ebenbild sich schaffen wollte.
Das ist ihm nicht gelungen, wie es gelingen sollte.
Falls Gott mit Absicht so gehandelt, dann ist mir eines klar,
dass der Mensch nicht besser wurde und auch nie besser war.

Egal, ob misslungen oder Absicht, das Ergebnis liegt am Tisch.
Wenn man ihn mit Gott vergleicht,
ist er nicht Fleisch, nicht Fisch.
Der Mensch ist nun verderblich, sein Leben ist befristet.
Auch hat sich in die Hülle ganz Böses eingenistet.

Der Giftzahn und der böse Blick, das sind gar arge Waffen.
War das schon eingeplant, als Gott den Mensch geschaffen?
Als Gott des Menschen Hirn hat konstruiert,
da muss ihm aus Versehen ein Fehler sein passiert.

Wo hat Gott bei seiner Schöpfung hingeschaut,
als er Hass und Neid hat seinen Menschen eingebaut.

Eine Bestie hat er sich erschaffen, mit Verlaub, ein böses Tier.
Es vergewaltigt, raubt und mordet, nach menschlicher Manier.

Das Ebenbild ist nicht gelungen, dieses ist wohl eine Mär.
Mir wäre es auch lieber, wenn es ganz anders wär.
Was der Mensch vollbringt, wahrlich göttlich ist das nicht.
Ich warte schon mit Sorge, auf des Schöpfers Strafgericht.

Mich friert

Einst hab ich von meinem Vaterland geschwärmt.
Jetzt fröstelt mich, obwohl die Sonne wärmt.
Europa macht die Grenzen dicht, beinah an allen Orten.
Nicht nur mit Drahtverhau, sondern auch mit scharfen Worten.

Eine Eiszeit hat uns überrascht, sie herrscht in unseren Landen.
Wie sie über uns gekommen ist, hab ich noch nicht verstanden.
Das Klima ist zu kalt geworden, Europa ist gefroren.
Ich habe an die Menschlichkeit, jede Zuversicht verloren.

Ich selbst bin auch für Recht und Ordnung,
im Rahmen der Gesetze.
Das Recht muss Recht behalten, doch vernein ich jede Hetze.
Wo gibt es noch die Nächstenliebe, was ist davon geblieben?
Wer treibt hier wen voran, wer wird von wem getrieben?

Es ist erstaunlich, wie sich rot und schwarz vermählen.
Mich friert, wenn ich nur denk, ich soll sie wieder wählen.
Man übertrifft sich gegenseitig an Abscheulichkeit und Kälte.
So als ob einen Wettbewerb zu gewinnen es jetzt gelte.

Zäune sind noch nicht genug, wie es den Anschein hat.
Man spricht schon öffentlich, was man noch in petto hat.

Mich friert bei dem Gedanken, an die Politik, die mich vertritt.
Mit denen mache ich gemeinsam,
nicht mal den kleinsten Schritt.

Mich ekelt vor den Wendehälsen, die sich treiben lassen.
Wie sie ihre Meinung ändern, das ist nicht mehr zu fassen.
Man wirbt in fremden Ländern, im negativen Sinn.
„Österreich ist nicht erstrebenswert, geht dort nicht mehr hin."

Man bezahlt auch noch die Agentur, für solche Geistesblitze.
Österreich ist nicht erstrebenswert, obwohl ich drinnen sitze.
Österreich ist einzig, doch die Fremden sollen es nicht wissen.
Das packt nicht mein Gehirn und auch nicht mein Gewissen.

Wer hat sich sowas ausgedacht, was für ein krankes Hirn.
Ich warte jetzt mit viel Geduld, dass die zu Eis gefriern

Zu kurz gedacht

Man denkt, man löst Probleme, so auf die harte Tour.
In dem man sie nur von sie schiebt, das ist ein Irrtum nur.
Es brennt nun mal ein Teil der Welt, das ist nun mal der Punkt.
Weil wieder wie so oft, Ost und West dazwischen funkt.

Wer zettelt solche Kriege an, wer hat davon Profit?
Ich nenn die Rüstungsindustrie, die schneidet kräftig mit.
Kriege bringen Geld in Schwung, das ist uns schon bekannt.
Drum setzt man auch auf Kriege, nur nicht im eignen Land.

Die Börsengurus lächeln still, was interessiert sie die Provinz?
Eine kontrollierte Turbulenz bringt meistens hohen Zins.
So ist nun mal das Weltgefüge, so läuft es Schritt für Schritt.
Die Politik in meinem Lande, humpelt neben mit.

Hier bietet sich Gelegenheit, sich neu zu profilieren.
Sich neuen Unfug auszudenken, darin sie sich nicht zieren.
Wie sie sich orientieren, man nicht für möglich halten möcht`s.
Ihr Blick geht nur in eine Richtung, sie starren nur nach rechts.

Ihr Ziel steht nun ganz außen rechts, drauf sind sie fest fixiert.
Die Geschichte wird uns einst verhöhnen,
was da uns jetzt passiert.
Sie sind sich plötzlich alle einig, kein Streitpunkt ist in Sicht.
Alles Fremde fernzuhalten, ist ihre einzige Pflicht.

Sie kleben fest an ihren Plätzen, kein Sessel fällt dort um.
Es scheint schon alles abgesprochen, im Ministerium.
Doch was man in letzter Zeit, bei uns im Lande macht,
das ist nach meiner Meinung, doch viel zu kurz gedacht.

Trügerische Sicherheit

Wenn man nur noch spricht von „Sicherheit",
dann ist die Gefahr nicht mehr abstrakt.
Dann hat er schon begonnen, der Menschheit letzter Akt.

Ich würd daraus ein Märchen formen,
wenn es so einfach ginge.
Die Realität hält mich im Zaum, weil ich sie nicht bezwinge.
Die meisten Länder auf der Erde,
beherrscht schon ein Phantom.
Man spricht nicht gerne drüber, doch es nennt sich, das Atom.

Mit diesem heiklen Element erzeugt man Energie.
Man hat es nicht mal fest im Griff, man macht das irgendwie.
Der Abfall muss gelagert werden,
über tausend Jahre und noch mehr.
Auch dann ist dieses Teufelszeug noch nicht aus dem Verkehr.

Der Waffen gibt es viel zu viele, so dass die Welt erstarrt.
Man hat sich die zur „Sicherheit“ in die Bunker hin gekarrt.
Doch die „Sicherheit“ ist dort nicht sicher,
das stimmt auf keinen Fall.
Denn wo Waffen lagern, gibt es für Terror das größte Potenzial.

Die Menschheit zieht sich förmlich aus, stellt sich ins Internet.
Damit schafft man erst den Boden, für die Kriminalität.
Das ist das Feld auf dem gedeiht, Unfug und Betrug.
Der vom Internet geblendet wird, merkt nicht,
dass Gefahr ist im Verzug.

Was nützt mir die Alarmanlage,
wenn ich hab Entscheidendes versäumt.
Auf einmal bin ich pleite, man hat mein Konto leergeräumt.
Ich fühl mich noch so halbwegs frisch, ich bin noch nicht betagt,
doch hab ich keine Ahnung, dass der Krebs schon in mir nagt.

Wenn dich auch nichts berühren mag, was ich jetzt aufgezählt,
dir Gesundheit und das Kleingeld, die „Sicherheit“ nicht fehlt,
dann gehst du morgen schon, so ganz im Selbstvertrauen,
auf dem Zebrastreifen rüber, ganz ohne aufzuschauen.
Ein anderer schaut auch nicht hin,
doch sitzt er am stärkeren Hebel.
Dann verschwindet deine „Sicherheit“ ganz unverhofft im Nebel.

Ich glaub ich bin im falschen Film, das kann doch gar nicht sein.
Alles was es jetzt schon gibt,
fällt in die Science Fiktion Welt hinein.
Sicherheit die gibt es nicht, das seh ich jetzt wohl ein,
denn wenn es Sicherheit stets gäbe,
müsste „Sicherheit“ nicht sein.
„Sicherheit“ gibt Sicherheit, wenn man nicht darüber denkt.
Doch wenn man sich mit ihr beschäftigt,
wirkt sie nur eingeschränkt.

Ich zähl die Toten

Eines möcht ich deponieren, das schick ich gleich voraus.
Was ich auch schreibe, was ich auch rede,
Gewalt schließe ich aus.
Was Terroristen treiben, planen, damit hab ich nichts im Sinn.
Terror ist nicht meine Sache, weil ich Aktivist des Friedens bin.

Doch möcht ich eines richtig stellen,
ich hör schon das Geschrei,
dass ich mit meiner Ansicht, auf der falschen Seite sei.
Ich zähl die Toten übern Daumen, sind es tausend oder mehr?
Ich rede nur von Anschlagsserien, es zählt nicht der Verkehr.

Der Westen fühlt sich arg bedroht, es tagt das Kriegsgericht.
Doch was er selbst schon angerichtet, drüber spricht man nicht.
Ganze Länder wurden ausgelöscht, Millionen Menschen tot.
Was übrig bleibt nach der Zerstörung,
ist Schrecken, Terror, Not.

Kollateral, sagt man dazu, was sein muss, das muss sein.
Diese Vorgangsweise, geht bei mir ins Hirn nicht rein.
Ich schäme mich, da ich ein „Westler“ bin,
ich fühl mich darin schlecht,
weil ich genauer hin schau, weil ich was ändern möcht.

Ein alter Spruch voll Weisheit lautet, ich halt mich fest daran:
„ Was dich selber schmerzt und ärgert, tu keinem anderen an.“
Doch wer bombt und zündelt weiter, wie schon seit langer Zeit?
Wer mischt sich in fremde Sachen ein
und schreit „Gerechtigkeit“?

Der Westen hat das stets gemacht und macht es heute noch,
verursacht bei den Völkern, ein Unglück, himmelhoch.

Wie gesagt, die Toten zähl ich, nicht die Ruinen, nicht das Leid.
Da reicht nicht eins zu hundert, in der Vergangenheit.

Ein jeder Tote ist zu viel, das halt ich nochmals fest.
Angst und Elend ist ein Umstand, der sich nicht messen lässt.
So, jetzt dürft ihr Steine werfen, ich fang sie alle auf.
Aber falls ihr objektiv beginnt zu denken,
dann freu ich mich darauf.

Es war einmal

Es war einmal und ist nicht mehr,
ein Herrscher und sein Militär.
Die braune Farbe war sein Zeichen.
Sein Ziel: Unsterblichkeit erreichen.
Viele Gräuel wurden so getan,
vom Herrn zu seinem Untertan.
Es war nur alles schön und gut,
was deutsches Herz und deutsches Blut.
Zu vernichten war nur sein Bestreben,
den Untermensch, unwertes Leben.

Es war einmal und ist nicht mehr,
ein Herrscher und sein Militär.
Jetzt zähl ich auf, was heut geschieht.
Wie groß ist da der Unterschied?
Die Fahnen hoch die Länder weit.
Am ersten Platz die Christenheit.
Egal wie andere Menschen schmachten,
man soll sie nicht zu viel beachten.
Es ist verpönt vom Luxusleben
davon noch etwas abzugeben.

Die Herrscher schreiten vorne her,
da braucht es heut kein Militär.
Sie geben uns die Richtung vor.
Wir schreien nach im Affenchor.
Es war einmal und ist nicht mehr,
ein Herrscher und sein Militär.
Was heut passiert, was heut geschieht,
wie groß ist da der Unterschied?
Es fällt mir ein, gleich jetzt im Nu.
„Ich bin ich und wer bist du?“

Das Ende der Kultur

Mir fällt nichts ein, bin wie betört,
was ich gesehen, ich gehört.
Sind meine Speicher leer, sind sie zu voll?
Die Welt um mich treibt es zu toll.
Die Lage ist jetzt bald prekär.
Den Flüchtling hin, den Flüchtling her.
Zuerst Grenzen auf, jetzt macht man dicht.
Das versteht der „dumme“ Bürger nicht.
Was ist der Zweck, wo ist das Ziel?
„ Ein jeder Flüchtling ist zu viel.“

Mir fällt nichts ein, bin wie betört,
was ich gesehen, ich gehört.
Sind meine Speicher leer, sind sie zu voll?
Die Welt um mich treibt es zu toll.
Jeden Euro, jeden Cent,
hab ich gespart, nun justament.
Mein Erspartes soll auch sicher sein.
Ich trag es in die Bank hinein.
Doch Sparen ist nicht positiv,
denn die Zinsen sind schon negativ.

Es ist das nun seit neulich so
und hämisch lacht der Sparefroh.

Mir fällt nichts ein, bin wie betört,
was ich gesehen, ich gehört.
Sind meine Speicher leer, sind sie zu voll?
Die Welt um mich treibt es zu toll.
Die Angst geht um in Wald und Flur.
Man braucht nur sehen, hören nur.
Die Gefahr ist uns schon längst bekannt,
uns hat der Flüchtling überrannt.
Wie einst die böse Türckenplage,
so ähnlich deutet man die Lage.
Europa gibt ein neues Bild,
es steht bereit mit Kreuz und Schild.

Mir fällt nichts ein, bin wie betört,
was ich gesehen, ich gehört.
Sind meine Speicher leer, sind sie zu voll?
Die Welt um mich treibt es zu toll.
Was man dem „ dummen“ Volk vermittelt,
man mit Regierungsarbeit es betitelt.
Doch das ist Panikmache pur,
schlicht das Ende der Kultur.
Die Leier bin ich schon gewohnt.
Davon zu schreiben es nicht lohnt.

Das Ziel

Wie bin ich einst gegangen, um dorthin zu gelangen.
Jetzt fällt es mir wieder ein, wo ich gern wollte sein.
Doch der Weg war hart und steil, zum Schluss der letzte Teil.

Wie ich auch ging, wie ich mich mühte,
ich kam nicht an das Ziel.
So manche Diestel blühte und der Steine viel zu viel.
Wie hab ich mich gesehnt, nach dem erhofften Glück.
Ich machte einen Schritt nach vorn
und zwei Schritte stets zurück.

Das Ziel ist mir davon gelaufen, ich will es ehrlich sagen.
Ganz besonders lief es fort, noch in den letzten Tagen.
Jetzt gehe ich nur rückwärts mehr,
nach vorn bringt mir nichts ein.
Dorthin werde ich nicht kommen, wo ich einst wollte sein.

Ich möcht noch einmal singen

Lustig will ich Lieder singen, doch mir steckt ein Klotz im Hals.
Über Gräben will ich springen, so wie ich jung war, ehemals.
Doch zum Singen fehlt mir jetzt die Muse
und zum Springen schon der Mut.
Für die Menschheit tu ich Buse, weil sie viel Böses tut.

Wie soll ich singen, mich ergötzen,
an des Lebens schönste Zier?
Ich kann die Tugend nicht mehr finden,
nicht mehr dort und nicht mehr hier.
Wie ein Vogel will ich singen, wenn er durch die Lüfte schwebt.
Doch als es neulich ich probierte, hat nur mein Herz gebebt.

Ein Krächzen hab ich nur vernommen,
aus meines Halses tiefen Schlund.
Es hat sich beinah so angehört, wie aus dem Untergrund.
Als ich jung war, sang ich fröhlich, mir war die Welt egal.
Meine Stimme habe ich verloren, mit den Jahren allzumal.

Zum Singen braucht man Fröhlichkeit, dazu ein junges Herz.
Auf den Lippen eine Melodie, nicht vergessen, einen Scherz.
Das Singen hab ich nicht verlernt, es wurde mir vergällt.
Heute sehe ich genauer hin, ich seh die schlechte Welt.
Könnt ich noch einmal singen, noch einmal lustig sein,
es würd mir Freude bringen, ich würd mich riesig freun.

Wozu sind die Straßen da

„Wozu sind die Straßen da? Zum Marschieren."
So sang man einst das Lied.
Einst marschierte man voll Zucht und Ordnung,
mit Kraft in Reih und Glied.
Marschiert ist man auch weiterhin, bis hin zum bitteren Ende.
Bis man sein Leben hat gegeben, dem Feind in seine Hände.

Die Fahnen hoch, die Trommeln laut,
das Horn hat schrill ertönt.
Das hat das Kampfgetümmel zum Heldentanz gekrönt.
„Die Reihen dicht geschlossen", nicht wich man davon ab.
So mancher Befehlsempfänger fiel in den Staub hinab.

Nichts denken und nichts reden, nur gehorchen allgemein,
so kann man auch noch heute Kanonenfutter sein.
Wer brav sein Leben sinnlos gibt, wird zum Helden stilisiert,
denn auch heute werden solche, wie damals, massakriert.

Vor Jahrzehnten bin ich auch marschiert
im Kasernenhof umher,
als ich auch kurz gedient, beim lieben Bundesheer.
Den Befehl am Kasernenhof, den lies ich damals gelten.
Ich lies mich auch für Nichtigkeiten vom Vorgesetzten schelten.

Doch heute habe ich das Wort „Befehl“
aus meinem Wörterschatz verbannt.
Auch das Marschieren um zu töten,
hätt ich damals nicht gekannt.
Wozu sind die Straßen da? Zum Spazieren,
weil anderes nicht zählt.
Es marschieren noch zu viele, noch allzu viele auf der Welt.

Es trügt der Schein

Weil nichts so ist, wie es nun scheint,
geht die Welt schon aus dem Leim.
Die Menschheit macht sich auf den Weg,
sie bleibt nicht mehr daheim.
Den einen treibt das Abenteuer, den anderen die Not.
Der eine findet Lust und Spaß, der zweite vielleicht Brot.

Beide gehen auf die Reise, nun in die Welt hinaus.
Wo anders suchen sie ihr Glück, nur nicht bei sich zu Haus.
Nichts ist so wie man es sich wünscht,
nicht daheim und anderswo.
Die Regeln sind dieselben, es gibt nicht Gold aus Stroh.

Man hat Besitz sich hart erworben, doch alles nur zum Schein.
Die Bank hat alles vorgestreckt, es ist alles noch nicht mein.
Die Hypothek kann man nicht sehen,
sie macht auch keinen Wind.
Der Kuckuck klebt schon auf den Möbeln,
auch schon auf Frau und Kind.

Nach außen hin scheint sie in Ordnung,
die Welt aus Seifenschaum.
Das Leben ist kein Wunschkonzert, es ist ein harter Traum.

Wie geht so mancher frech und keck,
geht mit geschwellter Brust.
Lebt nur auf großem Fuß, lebt nur für Spaß und Lust.

Doch hinter der Fassade, ist das Gebälk
schon morsch und weich.
Es trügt auch hier der Schein, kein bisschen ist er reich.
Der selbige geht gerne aus, mit ihm sein Superweib.
Sie macht sich keinen Finger krumm,
sie dient dem Zeitvertreib.

Doch hält sie nicht nur ihn am Band, sie tut es zweierlei.
An den Männern hat sie Überschuss, meistens sind es drei.
So lang der Schein die drei besänftigt,
so lange sind die Wogen flach.
Erst wenn die drei sich arrangieren, ist Feuer auf dem Dach.

Der Mensch hat heute keine Wahl, alles wird ihm vorgegeben.
Er hat es sich so angewöhnt, nur nehmen und nichts geben.
Seine Meinung wird ihm vorgekaut, am End glaubt er sie so.
Er braucht nicht mehr zu denken, darüber ist er froh.

Er sagt, was man ihm vorgesagt, darauf ist er mächtig stolz.
Er hat ein Haus aus Pappmache und glaubt es sei aus Holz.
Die Gesellschaft gibt die Regeln vor,
auch hier trügt meist der Schein.
Nicht alle sind nur schön und stark, oft schmerzt das Zipperlein.

Die Werbung zeigt nur glatte Haut und glänzend volles Haar.
Doch was sie sagt und was sie zeigt,
ist schon lange nicht mehr wahr.
Die Glatzen sind die große Mode, die Mehrheit trägt sie schon.
Wer keine Haare auf dem Kopfe hat,
braucht kaum ein Haarshampoon.

Die Werbung gaukelt uns was vor und wieder trügt der Schein.
Wer Glatze trägt und Haare sieht, wird kaum zufrieden sein.
Die Welt ist nur auf Schein gebaut, das Fundament ist schlecht.
Wenn solches ich behaupte, hab ich wahrscheinlich Recht.

Hab ich schon mal gelebt?

Heut Nacht hab ich geschrien, es drang durch Mark und Pein.
Ich war hineinversetzt, in die Marterzeit hinein.
Man brach mir meine Glieder, meine Augen stach man aus.
Die Zunge aus dem Mund, schnitt man mir noch heraus.

Ich schrie um Gott Erbarmen, um Gnade flehte ich.
Ich wand mich unter Schmerzen vor manchem Hieb und Stich.
Mein Leben war verloren, das war mir voll bewusst.
Mein Herzschlag jagte wie ein Pferd,
er sprang mir aus der Brust.
Ich war gekettet und geknebelt, kein Knochen war mehr heil.
Zum Galgen wurde ich geschleift, daran hing schon das Seil.

Mit einem Schlage war ich wach. Ich war zwar unversehrt,
doch hab ich immer noch vor den Qualen mich gewehrt.
Ich lag da, wie zerschlagen, mein Pulsschlag war enorm.
Auch war ich noch gefesselt, in einer anderen Form.

Mein Körper lag wie tot im Bett, mein Geist stand über mir.
Mein Geist war mir entwichen, mein Körper lag noch hier.
Ich musste nicht mehr fürchten, dass man mich quält und sticht.
Zwar bin ich aus der Zeit entflohen,
nur verstehen kann ich nicht.

Mein Herzschlag rast noch wie ein Pferd,
er springt in meiner Brust.
Ich bin nicht in der alten Zeit, ist mir zum Glück bewusst.

Ich kann entfliehen aus dem Traum, entfliehen vor den Qualen.
Mit meinem bisschen Leben muss ich noch nicht bezahlen.

Was tat der Mensch, der damals lebte?
Er war gefangen in der Zeit.
Er ist nicht daraus aufgewacht, nicht weil er tobt und schreit.
Den Weg musst´ er zu Ende gehen, kein Traum hat ihn erlöst.
Da lag er hilflos und zerschunden, zerschmettert und entblößt.

Ich hab mich noch gerettet, vor diesen Höllenqualen.
Der damals dort gelitten hatte, musste dafür bezahlen.
Warum leide ich mit anderen mit, diese Frage brennt in mir?
Die anderen sind lange fort, ich bin noch heute hier.

War ich schon mal geboren, hab ich schon mal gelebt?
Als ich dies in Erwägung zog, hat mein Herz wie wild gebebt.
Ich nehm das wie ein Zeichen hin, ich leide weil ich muss.
Ich nehm es als gegeben hin,
wie den Punkt nach jedem Schluss.

Das Farbenspiel

Kornblumenblau und Nelkenrot.
Des einen Sieg, -- des andern Tod.
So ist nun heut das Farbenspiel.
Der eine nichts – der andere viel.

Die Fahnen hoch – die Orden runter.
Was ist gemeint, was versteht man drunter?
Das Blau im Aufwind flügelt – das Rot ist längst gezügelt.
Auf das Schwarz im Tief ist man gewöhnt
und die Akteure sind verpönt.

Wie Rot und Schwarz versinken,
das kann man deutlich sehen.
Wie sie im Sumpf nun um sich schlagen,
wie sie sicher untergehen.
Doch Blau als Einheitsfarbe, dazu gehört schon mächtig Mut.
Hier stelle ich die Frage: Tut sie am End auch gut?

Kornblumenblau und Nelkenrot.
Des einen Sieg, -- des andern Tod.
So ist nun heut das Farbenspiel.
Der eine nichts – der andere viel.

Nichts ist mehr wie ehemals.
Hier Burschenschaft – dort Wendehals.
Aus der Asche neugeboren – Glaubwürdigkeit verloren.
Der möchte ran – der lässt nicht los.
Was wird er tun? – Was tut er blos?

Alle Macht dem Volke – der Bürger ist entmündigt.
Soll man Vorschuss geben? – Er hat genug gesündigt.
Wer zu lange steht am Turm, den entwurzelt bald der Sturm.
Blau nimmt zu an Masse, nimmt zu noch an Gewicht.
Doch wer zu schnell nach oben strebt, verliert die Übersicht.

Kornblumenblau und Nelkenrot.
Des einen Sieg, -- des andern Tod.
So ist nun heut das Farbenspiel.
Der eine nichts – der andere viel.

Rot wirkt heut wie ausgelaugt. Er hat das Herzblut ausgesaugt.
Wer einmal immer vorne stand, der steht jetzt meist daneben.
Sich am Faden festzuhalten, ist nun sein ganzes Streben.
Blau ist blau, ich werd nicht schlau.
Mir persönlich steht sie gut,
doch stelle ich die Frage: Was sie uns allen tut?

Ist Blau nun die Verjüngungskur,
ist sie Symbol, ein Zustand nur?
Farblos leb ich lieber weiter.
Drauf bin ich stolz, ich bin gescheiter.
Ich kann das Farbenspiel nicht fassen.
Drauf werd ich einen lassen.

Frust

Es schleicht ein Geist durch Wald und Flur,
er schleicht durch alle Gassen.
Man kann ihn nicht mal sehen, man kann ihn auch nicht fassen.
In jede Stube zieht er ein, in jedes kleine Heim.
Auch wenn wenig Platz vorhanden ist, er wird darinnen sein.

Vornehmlich nimmt er meist beim kleinen Mann Quartier.
Er ist beim Nachbarn eingezogen, seit Wochen auch bei mir.
Ich hab ihn nicht gebeten, er sollte lieber gehen.
Er sitzt bei mir am Mittagstisch, ich will ihn gar nicht sehen.

Wenn ich von der Arbeit komm, mach ich am Tische Rast.
Dort sitzt er schon wie angeklebt, als ungebetener Gast.
Der Nachbar sagt dasselbe, ich kenn den Nachbarn gut.
Wenn er vom Geist erzählt, gerät er schier in Wut.

Wohin ich komm, hör ich schon von selbigem Problem.
Überall Gejammer, das ist nicht angenehm.
Vor Zeiten hat man einen Geist vertrieben,
mit geweihtem Wasser und mit Rauch.
Ein Gebet zum Himmelvater, zu den Engeln half oft auch.

Wenn dann noch der Pfarrer von der Kanzel hat gepredigt,
dann war die Wirkung ganz enorm,
der Geist war schnell erledigt.

Der Geist, der uns in Rage bringt, ist dagegen schon immun.
Nicht beten und nicht räuchern, nichts dagegen kann man tun.

Ihn kann man kaum bewältigen,
es gibt kein Feuer das ihn brennt.
Es helfen kein Magier und kein Scharlatan,
er ist dagegen resistent.
Gemeinsam muss das Volk aufstehn, das Übel zu verjagen.
„Der Leidensdruck ist zu gering“, höre ich schon sagen.

Weil unser Volk gemütlich ist, quält uns der Geist so stark.
Er wird uns weiter quälen, hinein bis in das Mark.
Der Geist wird uns als Gast verbleiben,
er wird nicht rasten und nicht ruhn.
Selber schuld und ausgeliefert, weil wir nichts dagegen tun.

Den Geist nennt man mit Namen, mal bewusst, mal unbewusst.
Ich nenn ihn ganz gewissenhaft, ich nenn ihn einfach „Frust“.

TTIP und anderes Ungemach

Es droht Gefahr aus Übersee, Amerika verhandelt.
Längst schon hat der kranke Mann, in Europa angebandelt.
Bei dem Gezerre geht es nur um Interessen und um Macht.
Er will uns glücklich machen, wie er andere
schon glücklich hat gemacht.

Mit allen Tricks versucht er es, es ist ein hartes Ringen.
Er zwingt uns seine Hilfe auf, seine Arznei will er uns bringen.
Er hofft auf unser Einverständnis, doch Europa ziert sich noch.
Man tut noch so als ob, doch am End kriegt er sie doch.

Geheim wird nur verhandelt, das Volk ist wohl zu dumm
und die, die uns vertreten, wickelt er um die Finger rundherum.

Der kranke Mann Amerika, lebt nur auf Pump dahin.
Die Blase ist schon längst geplatzt,
keine Substanz ist da mehr drin.

Mit einem Kürzel will er uns beglücken,
der kranke Mann aus Übersee.
Ich brauch wohl nicht zu sagen, wie ich zu diesem Handel steh.
TTIP sagt man allerorten, was das bedeutet weiß man kaum.
Doch steht die Kurzbezeichnung
wie eine Drohung schon im Raum.

Ist TTIP erst mal eingeführt, kann man sich nicht beschweren.
Ich stelle mir das plastisch vor, wie wir uns dann ernähren.
Dass die Europäer standhaft bleiben, wollen wir doch hoffen.
Doch schlägt man vorn die Türen zu,
bleibt sicher die Hintertüre offen.

Unnütz?

Wer alt ist, kann auch nützlich sein, er müsste es nur wollen,
denn was Erfahrung anbelangt, schöpft er aus dem Vollen.
Darum steht alle auf, die ihr „unnütz" seid
und gebt euch keine Blöse.
Streckt die Glieder aus, reckt euch zur wahren Größe.

Zeigt auf, was alles in euch drin auf Abruf noch besteht.
Dass ihr zu nichts mehr taugt,
dass ja der Eindruck nicht entsteht.
Auch wenn die Jungen glauben, euer Feuer sei verraucht,
so ist die Lebensenergie noch lang nicht ganz verbraucht.

Wer legt hier seinen Maßstab an, an denen die schon alt?
Die guten Noten gelten meist, für den der jung ist an Gestalt.

Warum gilt der Alte heut nichts mehr,
was ist daran nur schuld?
Ich sag es nun gerad heraus, es ist der Jugendkult.

Quält euch auch der Muskelschwund
und sind die Knochen nicht mehr heil,
seid ihr für die Jungen nicht mehr „up to date“
und allgemein nicht „geil,“
so ist das lang kein Argument, die Alten zu verneinen.
Den größten Rebbach gibt es dort,
wo sich Jung und Alt vereinen.

Nun steht gemeinsam auf und haut mal auf den Tisch.
Ihr seid mit achtzig Jahren auch noch jung und frisch.
Nichts an euch ist unnütz,
von der Kopfhaut bis zum großen Zeh.
Ihr müsst es selber glauben, das ist das Resümee.

Ein tiefer Riss

Ein Landeshauptmann hat gesprochen,
feierlich und salbungsvoll.
Als die Rede ich gehört, hab ich gefragt,
was dieser Unsinn soll.
„Ein tiefer Riss geht durch das Land, er hat das Volk entzweit,
schuld daran sind nur die Flüchtlinge, in aller letzter Zeit.“

Den Riss hat nicht der Fremde
auf seinem Kerbholz und Gewissen.
Die Politik in unserem Land hat unser Volk zerrissen.
Sie begreifen es noch immer nicht,
es ist für sie Feuer auf dem Dach.
Beim nächsten Urnengang legen wir sie sicher flach.

Dann geht der Riss nicht durch das Volk,
es zerreißt die, die oben stehen.
Geduld, der Tag wird kommen, wir werden es noch sehen.

Pro und Kontra

Friedlich ist die Welt von heute, kein Kanonendonner stört.
So empfindet jener heut die Welt,
der nichts sieht und der nichts hört.
Wer nicht über Grenzen schaut, ich sag es im Vertraun,
der fühlt sich in der Sicherheit, hinter seinem Gartenzaun.

Das Fleckchen Erde ist ihm heilig, wo er Gemüse pflanzt.
Er hat sich in der Heimstatt, den vier Wänden fest verschanzt.
Was die Presse ihm vermittelt, nimmt er nicht weiter schlimm.
Er hat zu Hause Geld und Schmuck und anderes Klimbim.

Es fehlt ihm an der Phantasie, wie es woanders könnte sein.
Zu wenig von der andern Welt, lässt er zu sich hinein.
So lebt er ruhig und zufrieden, sein Gewissen rührt ihn nicht.
Über andere zu denken, hält er nicht für die Pflicht.

Er steckt sich seine Grenzen ab, die sind nicht allzu fern.
Ruhe und Behaglichkeit hat er besonders gern.
Was anderswo, dort irgendwer, verschiedentlich so treibt,
das hat er kaum noch je zuvor in sich hinein verleibt.

Ganz anders verhält sich da sein Nachbar,
Kleinkariertheit ist ihm fremd.
Er teilt mit einem Fremden auch noch sein letztes Hemd.
Des Nachts kann er nicht schlafen, weil Bomben nieder gehen.
Das hat er gestern Abend per Video gesehen.

Er hört die Schreie derer, noch tausend Meilen weit entfernt.
Auf Unrecht zu agieren hat er sich angelernt.
Er baut sich keinen Zaun ums Haus, hat keinen scharfen Hund.
Dass Diebe ihn bestehlen könnten, dazu sieht er keinen Grund.

Er hortet nicht die Schätze in seinem kleinen Haus.
Was er heute nicht zum Leben braucht,
schickt er in die Welt hinaus.
Im Kreis der Nachbarschaft will er erst gar nicht glänzen.
Für ihn ist die Welt ein freies Feld, ganz ohne jede Grenzen.

Die Interessen beider Nachbarn zu vereinen fällt mir schwer.
Die Bahnen wo sie wandeln, verlaufen zu konträr.
So ergibt sich schon im kleinen Umfeld
hin und wieder mal ein Streit.
Noch ist die Sache nicht so schlimm, noch sind sie nur zu zweit.
Doch wenn sich Gruppen bilden,
vorneweg ein Hammel zum Geleit,
dann ist das ganz so ähnlich wie in unserer jüngsten Zeit.

Sommer

Sommer ist, die Hitze wabbert mir ins Hirn.
In kleinen Bächen rinnt der Schweiß von meiner Stirn.
Das Firmament steht über mir, im grellen Sonnenschein.
Saharastaub trägt der Wind in meine Stube rein.

Die Sonne scheint mir viel zu grell,
sie schmerzt mein linkes Auge.
Zum Braten in der Sonne ich auf keinen Fall mehr tauge.
Am frühen Morgen schon ist mir empfindlich heiß.
Mir wäre angenehmer, der Winter, Schnee und Eis.

Die Frucht steht auf den Feldern, beinahe schon verdorrt.
Die Feuerwehr mit Wassertank zieht schon von Ort zu Ort.
Die Tage sind mir viel zu lang, der Abend ist noch weit.
Zu Mittag bin ich müde schon, was soll ich mit der Zeit?

Die Müdigkeit kriecht an mir hoch,
macht nicht Halt vor meinem Hirn.
Es fühlt sich an, als wär sie hohl und ausgebrannt die Stirn.
Zum Gähnen ist mir nur zumute, mein Kreislauf streikt bislang.
Was ich mache, mache ich, nur noch im ersten Gang.

Ja, früher war das anders, das ist schon lange her.
Der Sommer war nie lang genug, ich wollte davon mehr.
Da lag ich braun am Badeteich, mein Körper war gestählt.
Rund um mich die Mädchen, ich hab sie nicht gezählt.

Wenn ich am Teich entlang stolzierte,
mit stark geschwellter Brust,
dann folgten mir die Blicke, das war mir voll bewusst.
Beim ersten Gegenüber wirkte schon mein Charme.
Es fiel mir gleich zu Füssen, so mancher Mädchenschwarm.

Ich war nicht satt zu kriegen, wie die meisten jungen Leute.
Erst wenn der Morgen graute,
sagte ich:„ Jetzt ist genug für heute."
Ich hatte damals zwar wie immer, vom lieben Geld zu wenig,
doch wenn es Sommer war und Badezeit,
war ich der große König.

Was soll ich heut mit Sommerzeit?
Wovon ich sprach das zählt nicht mehr.
Die schönen, tollen Tage, die sind schon lange her.
Wehmut senkt sich auf mich nieder, wie ein Azorentief.
Meine Stimmung ist im Keller,
der Hausfrieden hängt schon schief.

Wenn ich durch die Straßen gehe, such ich meist den Schatten.
Da rannte ich von Baum zu Baum, als wir noch Bäume hatten.
Die Kastanienbäume sind dahin, gestorben ohne Licht.
Woran sie eingegangen sind, das sagte man mir nicht.

Bei mir am Fenster in der Stube, drück ich meine Nase platt.
Hinauszugehen wag ich nicht, dazu bin ich viel zu matt.
Sommer ist, die Sonne brennt, die Kinder jubilieren.
Ich für meinen Teil gehe, wenn überhaupt,
nur in der Nacht spazieren.

Zwar würd ich lieber schlafen, doch sehe ich als Pflicht,
mich ab und zu zu zeigen, dass ich noch lebe,
sonst glaubt man mir das nicht.
Was soll ich mit der Sommerzeit, wenn sie mir nichts mehr gibt?
Grelles Sonnenlicht und Hitze ist bei mir nicht sehr beliebt.

Soll ich mich zum Baden legen, wer schaut noch auf mich hin?
Die Mädchen aus der Jugendzeit, sind alt, wie ich jetzt bin.
Wenn ich am Strand mich brüsten wollte,
wie sehe das denn aus?
Da würde ich zu hören kriegen: „He Alter geh nach Haus.
Zieh Leine und den Bauch ein, sonst gibt es ein Malheur.
Dass du noch einmal knackig wirst
dafür reicht deine Zeit nicht mehr."

Was bleibt mir anderes übrig als die Sommerzeit zu hassen?
Der heut gepflegte Jugendkult ist vom guten Geist verlassen.
So nehm ich sie, so wie sie kommt, auch noch die Sommerzeit,
weil sonst gezwungenermaßen
Winterzeit an Winterzeit sich reiht.

Wetterkapriolen

Die Sonne scheint, der Regen rinnt, wie passt das ins Kalkül?
Schon den ganzen Vormittag war es besonders schwül.
Jetzt geht ein Gewitter nieder, wer es nicht sieht,
der glaubt es nicht.
Es regnet und es blitzt, bei hellem Sonnenlicht.

Sind wir im gelobten Land oder davon ein Teil?
Die Situation ist wirklich krass, mit einem Wort, nur geil.
Kaum hab ich solches je erlebt in meinen langen Jahren.
Als Kind hab ich oft Angst gehabt, weil oft Gewitter waren.

Doch heute schreckt er mich nicht mehr,
der Donner und der Blitz.
Was heute nun da vor sich geht, bezeichne ich als Witz.
Es regnet immer noch, die Sonne strahlt ins Haus.
Ich seh die großen Tropfen, durchs Fensterglas hinaus.

Heute ist ein Tag im Juni, der vierte ist es schon.
Es regnet und die Sonne scheint, herein wie mir zum Hohn.
Das gelobte Land ist südlich in der schönen Steiermark.
Die heutige Wetterlage bezeichne ich als stark.

Regen, Donner, Sonnenschein,
wie passt denn das zusammen?
Jetzt hör ich auf zum Rätseln,
jetzt mach ich Schluss und Amen.

Grabgesang

Die Gesellschaft handelt ohne Ziel
und lässt sich ein auf falsches Spiel.
Wer die Fäden zieht ist unsichtbar.
Ihre Ziele sind uns noch nicht klar.

Doch dahinter steckt die Strategie.
Den Hintermännern traue nie.
Die Vorgangsweise skrupellos.
Der Bürger hat ein schweres Los.

Nichts scheint so wie es wirklich ist.
Wie lang ist noch die Galgenfrist?
Wann drehn sie uns den Strick zum Strang?
Dann ist es Zeit für Grabgesang.

Der Bürger gräbt sich selber ein.
Er will als erster fertig sein.
Wer schnell macht, ist nicht schnell genug.
Verweigerung wär einzig klug.

Auf die Barrikaden steigt hinauf.
Nehmt dafür Gewalt in Kauf.
Denn wer sich immer wieder duckt
wird noch tiefer in den Schlamm gedruckt.

Wer einmal schlägt in dein Gesicht
ist bestimmt dein lieber Bruder nicht.
Sie drehn dir schon den Strick zum Strang.
Nun wär höchste Zeit für Grabgesang.

Wehrt ab die bösen Plagegeister.
Ein jeder Knecht hat seinen Meister.
Der Bürger trägt ein schweres Los.
Die Elite werkt heut skrupellos.

Wer die Fäden zieht hat leichtes Spiel.
Wir kennen leider nicht ihr Ziel.
Wie wird gehandelt, was bezweckt?
Das hat niemand bisher aufgedeckt.

Chemie und Waffen ohne Stopp.
Verhandlungen sind nur ein Flopp.
Politiker sind nicht vom Fach,
bescheren uns viel Ungemach.

Man spricht nur um den heißen Brei
und legt sich selbst ein Kuckucksei.
Die Grenzen dicht, die Schranken hoch,
Fremde raus, so lässt sie doch.

Der Bürger trägt ein schweres Los.
Wie soll er sich verhalten blos?
Steht er auf, spielt er den braven Mann.
in beiden Fällen ist er dran.

Nichts scheint so wie es wirklich ist.
Wie lang ist noch die Galgenfrist?
Die Erde dreht sich nicht mehr lang,
drum sing ich jetzt den Grabgesang.

Bis dass der Tod uns scheidet

Was ich hier schreib, ist nicht erfunden,
es ist auch nicht erlogen.
Da hat ein Mann die Frau und die Frau den Mann betrogen.
Die Geschichte ist kein Lehrstück, sie hat sich zugetragen.
Bei uns im Nachbarort, passiert vor wenigen Tagen.

Sie waren einst ein junges Paar, ich habe sie beneidet.
Damals sagten sie am Traualtar:
„ Bis dass der Tod uns scheidet."
Das Glück ist wie ein Vogerl, es fliegt auch auf und nieder.
Eines Tages fliegt es fort und kommt und kommt nicht wieder.

So ist es diesem Paar ergangen, das war ein Schicksalsschlag.
Trotzdem lebten sie zusammen, bis vor kurzem Jahr und Tag.
Nur Treue konnten sie nicht halten,
das Versprechen galt nicht mehr.
Darunter litt der eine, der andere auch sehr.

Die Spannung hat sich hochgeschaukelt,
bis hin zum bitteren Ende.
Keiner von den beiden glaubte an die Wende.
Da kam ein neues Glück ins Spiel, bei einem leider nur.
Nun hing des anderen Leben an einer dünnen Schnur.

Wie löst man die Probleme, wie macht man damit Schluss?
Da kann nur eines helfen, ein gut gezielter Schuss.
Der Finger lag am Abzug, nun gab es kein Zurück.
Im Blickfeld sah der Mann nur noch sein neues Glück.
Die Frau lag blutgetränkt am Boden tot hienieden.
Der Mann hat sich gesagt: „Nun hat der Tod geschieden."

Mein Ratschlag

Wer arm ist, der ist selber schuld, er nützt nicht seine Chancen.
Der Möglichkeiten gibt es viele, genug davon im Ganzen.
Nimm dir die Konzerne vor und mach es ihnen nach.
Ein wenig Übung nur, dann bist du schon vom Fach.

Die Steuern zahle nicht daheim, am besten zahle keine.
Mit dieser Strategie bist du nicht mehr alleine.
Nur die Gesetze zu befolgen, daran musst du nicht halten.
Setz dir nur das eine Ziel, deinen Wohlstand zu verwalten.

Ein Rechenbeispiel geb ich noch, danach sollst du dich richten.
Es zählt nicht, was du einst gelernt,
denn zwei und zwei ist vier mitnichten.

Zwei plus zwei ist immer mehr, du musst dich dran gewöhnen.
Rechnest du erst einmal so, wird niemand dich verhöhnen.

Wo gibt es was umsonst fürwahr, du solltest es erschöpfen.
Gehst du erst mal auf diesem Weg,
wird deinen Wohlstand niemand kröpfen.
Den Sozialstaat musst du richtig nehmen, dazu ist er doch da.
Wenn du alle Tricks erkennst, dann rufst du laut „hurra."

Da gibt es noch die Caritas und andere Institutionen.
Auch solltest du drauf achten im Gemeindebau zu wohnen.
Jetzt zähl mal deinen Vorteil auf,
ich vergess nicht zu erwähnen:
In Ungarn ist es billiger, das plombieren von den Zähnen.

Die Kleider kauf bei Second hand, die Schuhe ebenso,
Über die Ersparnis bist du am meisten froh.
Mach es wie der kluge Mann, geh nie mit Freunden aus.
Kauf deinen Wein im Tetra Pack, trink den Kaffee zu Haus.

Geh mit den Hühnern schlafen,
dann brauchst am Abend du kein Licht.
Auch wenn du noch so bittest,
den Strom schenkt dir das E-Werk nicht.
Falls du einmal zum Einkauf gehst, schau drauf was billig ist.
Nimm Ware die schon reduziert, weil kurz die Ablauffrist.

Du solltest auf Prozente achten, das ist dann dein Gewinn.
Bei jedem kleinen Einkauf ist ganz schön Bares drin.
Alles will ich nicht verraten, sonst bleibt für mich nichts mehr.
Würd ich alle Tricks verraten, käme jeder gleich daher.
Befolge meinen Ratschlag, ich gab ihn gerne dir.
Was dir am Monatsende bleibt, davon überweis die Hälfte mir.

Mein Gott!

Man nennt es Gott, das Ungewisse,
weil es niemand noch gesehen.
Ich kann es nicht benennen, muss ich mir eingestehen.
Ist Gott ein Er, eine Sie, ein Es oder lieg ich ganz daneben?
Falls es einen Gott nur gibt, kann es nicht viele geben?

Wenn Gott schon seit Ewigkeit besteht, dann ist er ziemlich alt.
Jetzt hab ich wieder umgeschwenkt, zur männlichen Gestalt.
Ich hab es anders nicht gelernt, hab es mir angewöhnt.
Hab oft mit ihm gestritten, doch schlussendlich auch versöhnt.

In Gotteshäusern hab ich ihn gesehen,
mit Bart und strengem Angesicht.
Nie war er lustig oder witzig, ich sah ihn lächeln nicht.
Dass er Sorgen hat mit den Erdbewohnern,
das kann ich leicht verstehen.
Falls er ab und zu von oben auf die Erde hat gesehen.

Dass Gott auch Vaterfreuden hatte, sein Sohn ist der Beweis,
das kann ich gar nicht glauben, doch das sag ich nur ganz leis.
Auf manchen Bildern, Vater, Sohn, dazu noch eine Taube.
Dass das der Heilige Geist sein soll, allein mir fehlt der Glaube.

Wir glauben an den einen Gott, falls wirklich wir das tun.
Doch dass einer gleich zu dritt sein kann,
das lässt mich gar nicht ruhn.
So hab ich meine Zweifel, man möge mir vergeben.
Mein Glaube sagt, nenn einen Gott, auch danach soll ich leben.

Mein Gott gibt mir nur Rätsel auf, meine Ruhe kann er rauben.
Ein Priester sagte einst zu mir:
„Du sollst nicht denken, sondern glauben.“

So wahr mir Gott helfe!

Da war einmal ein Präsident, im fernen Übersee.
Der war ein Spross von reichen Eltern, aus dem Erdöl Milieu.
Er war zwar, was Vorbild Wirkung anbelangt,
absolut kein großes Licht.
Auch wurde er von Durst geplagt, das Trinken mied er nicht.

Fand er den Weg zum Mikrofon, ohne Hilfe und allein,
dann hörte man meist einen Spruch, da konnt man sicher sein:
„So wahr mir Gott, der Herrgott hilft " und so weiter und so fort.
Für diesen Präsidenten war das ein gut geübtes Wort.

Sein Gott half ihm, die Kriege führen, wie vorher seinem Vater.
Angesichts des Unrechts, frag ich mich:
„War Gott nun sein Berater?"
Was der auf seinem Kerbholz hat, daran trägt er ewig schwer.
Leider gibt es auf der Welt von solchen Typen noch viel mehr.

Sie alle rufen Gott zu Hilfe, wenn sie was Böses tun.
Denn mit der Hilfe Gottes lässt trotzdem sich gut ruhn.
Mit Gott als Rückendeckung, sind Grausamkeiten ehrlich.
Hier üben sie nicht Rechenschaft, das ist beinah erklärlich.

So wahr mir Gott, der Herrgott hilft… und so weiter und so fort,
das will ich gar nicht sagen, das ist ein großes Wort.
Ich will mich nicht verstecken, hinter Gott und seinem Schild.
Ich mache mir von Recht und Unrecht
ganz allein mein eigenes Bild.

Wenn es um Himmelsmächte geht, denk ich bei jedem Wort.
So wahr mir Gott, der Herrgott hilft…und so weiter und so fort.

Sex

Der Teufel hat den Sex gemacht, um uns zu verführen.
Nie sollte man, nach der Glaubenslehre,
unkeusch sich berühren.
Die Zeiten haben sich geändert,
doch wie steht es mit der Lehre?
Wann darf ich sie berühren, falls ich sie begehre?

Da hat man Regeln aufgestellt, wer weiß, wer solches tat.
Wer am Glauben hing und seinem Herzen folgte,
der übte den Spagat.
Wer hielt brav die Gebote ein? Wohl meist der kleine Mann.
Wer es sich leisten konnte, der hielt sich nicht daran.

Sex dient nur dem Zweck der Zeugung,
wie hört sich das denn an?
Da hatten sie wohl ein Problem, des Öfteren, Frau und Mann.
So erklär ich mir die vielen Kinder, vor Jahrhunderten und mehr.
Damals galt als Einbahnstraße, in der Ehe, der Verkehr.

Die Ehe galt als Pflichterfüllung, kein Wörtchen von Genuss.
Da war im Bett unter Eheleuten nur erlaubt der goldene Schuss.
Die damals in der Zeit gelebt, vor lang vergangenen Jahren,
würd ich gern die Frage stellen, ob sie auch glücklich waren.

Da hab ich eine alte Frau gehört, Gott hab sie selig schon:
„ Wir brauchten damals keinen Sex, Gott war genug zum Lohn.“
Sex war ihr völlig unbekannt, das Wörtchen war ihr fremd.
Die nackte Haut war ganz verpönt,
sie wusch sich meist im Hemd.

Mir tut die Frau von damals leid, nie konnt sie sich entfalten.
Nie konnte sie ganz ohne Hemmung,
den Abend schön gestalten.

Immer stand die Pflicht darüber, denn Sex war nicht erlaubt.
Falls sie doch mal fehlgetreten, lud sie Sünde auf ihr Haupt.

Ich bin so frei und war es immer, die alten Regeln gelten nicht.
Sex seh ich als schönes Spiel, nie sah ich es als Pflicht.
Was ich hier schreib, das mein ich so, da bin ich zu mir ehrlich.
Sex sehe ich als Bereicherung, ich fand ihn immer herrlich.

Keine weiteren Fragen

Ich hätt so viele Fragen, wie dies und jenes geht.
Vor allem hätt ich gern gewusst, wie es mit der Wahrheit steht.
Da frag ich bei der Wirtschaft an: „Hallo, wie stehn die Dinge?
Mir scheint, der Daumen zeigt nach oben,
dass es vortrefflich ginge."

Auf die Antwort war ich nicht gefasst, was da zu hören war.
„Wie wir in nächster Zeit noch weitermachen,
ist keineswegs noch klar.
Die Steuerschraube angezogen,
die Konkurrenz ist viel zu stark.
Das sind die Dornenspitzen, die dringen uns ins Mark."

Da frag ich im Finanzamt an: „Hallo, wie stehn die Dinge?
Mir scheint, der Daumen zeigt nach oben,
dass es vortrefflich ginge."
Auf die Antwort war ich nicht gefasst, was da zu hören war.
„Wie wir in nächster Zeit noch weitermachen,
ist keineswegs noch klar.
Die Schwarzarbeit raubt uns die Kohle, der Ofen ist bald aus.
Die Konzerne parken ihr Vermögen beharrlich außer Haus."

Da frag ich bei der Kirche an: „ „Hallo, wie stehn die Dinge?
Mir scheint, der Daumen zeigt nach oben,
dass es vortrefflich ginge."
Auf die Antwort war ich nicht gefasst, was da zu hören war.
„Wie wir in nächster Zeit noch weitermachen,
ist keineswegs noch klar.

Die Schäfchen gehn uns durch die Lappen,
fast keine Priester mehr.
Zu wenig ist die Kirchensteuer, die Lage ist prekär"
Da frag ich bei mir zu Hause an:
„Hallo, wie stehn die Dinge?
Mir scheint, der Daumen zeigt nach oben,
dass es vortrefflich ginge."

Auf die Antwort war ich nicht gefasst, was da zu hören war.
„Wie wir in nächster Zeit noch weitermachen,
ist keineswegs noch klar.
Das sagt mir meine Frau erbost: „ Wie kannst du sowas fragen?
In Ordnung ist hier nichts und niemand,
mir platzt schon bald der Kragen."

Jetzt frag ich nicht mehr weiter, die Wahrheit find ich nicht.
Jeder, den ich frage, führt mich hinters Licht.
Dass man nicht die Wahrheit sagt, kann ich nicht ertragen.
Darum sag ich nur zum Schluss:
„ Ich hab keine weiteren Fragen."

Ich wünschte, es wär ein Märchen!

Ich wünscht´, es wär ein Märchen, doch es ist die Wirklichkeit.
So hat es sich schon eingebürgert, in unserer heutigen Zeit.
Den Samen gibt man in die Erde, damit er sich vermehre
und schaut, dass er sich gut entwickle,
dass man ihn nicht zerstöre.

Vom zarten Keimling bis zur Frucht, vergeht entsprechend Zeit.
Nicht jeder Keimling reift zur Ernte, heran in Wirklichkeit.
Was grünt und wächst auf unseren Feldern,
ich sag, mit Gottes Willen,
ist nicht zur Ernährung nur bestimmt
und nur zum Hunger stillen.

Die Pflanze wird verwendet für Wärme und für Sprit.
Das bringt dem Bauern, der den Samen sät,
wahrscheinlich mehr Profit.
Ich wünscht, es wär ein Märchen, doch es ist die Wirklichkeit.
So hat es sich schon eingebürgert, in unserer heutigen Zeit.

Ein anderer Samen kommt wohin, gewollt oder auch nicht.
Wer den Samen ausgesät, vergisst oft seine Pflicht.
Wenn der Boden, wo er hingefallen, empfängt und fruchtbar ist,
dann sprießt daraus schon neues Leben,
in der festgesetzten Frist.

Was der Empfänger sich gewünscht,
doch der Spender es nicht will.
Ihm ist nicht nach Familienpflicht, er hat ein anderes Ziel.
Was hier ist angedeutet, das geht auch umgekehrt.
Wie daraus sich Streit entfaltet, das ist oft unerhört.
Ich wünscht, es wär ein Märchen, doch es ist die Wirklichkeit.
So hat es sich schon eingebürgert, in unserer heutigen Zeit.

Wieder pflanzt man Samen, um die Menschheit zu ernähren.
Doch können sich Millionen des Hungers nicht erwehren.
Ob bewusst nun oder ungewollt, ob Dürre oder Feuer.
Das was der Hungernde zum Leben bräuchte,
ist ihm viel zu teuer.

Man spekuliert mit Nahrungsmittel, das ist uns schon bekannt.
Mit dieser Strategie hält man die Welt am Gängelband.

Wer satt ist, will nicht helfen, dem lockt sein eigenes Wohl.
Dem Hungernden in Afrika, sind Bauch und Wangen hohl.
Ich wünscht, es wär ein Märchen, doch es ist die Wirklichkeit.
So hat es sich schon eingebürgert, in unserer heutigen Zeit.

Noch einmal fällt der Samen, dorthin, wo er nicht hingehört.
Dort richtet er viel Schaden an und das Gute wird zerstört.
Der Samen heißt nun Zwietracht, auch Brotneid nennt man ihn.
Der ist von allen Übeln zuerst der Anbeginn.

Wer böse denkt, sät Samen aus, gedüngt mit falschen Worten.
Solche Säer sehe ich bei uns an vielen Orten.
Sie verbreiten Gift und Galle, versündigen sich täglich.
Die heute Wind aussäen, die ernten Sturm womöglich.
Ich wünscht, es wär ein Märchen, doch es ist die Wirklichkeit.
So hat es sich schon eingebürgert, in unserer heutigen Zeit.

Wer Samen zur Entfaltung bringt, zu welchem Zweck auch
immer, dem obliegt auch eine Pflicht.
Doch wer sich dieser Pflicht entzieht,
der ist wahrscheinlich schlimmer, nur friedlich ist er nicht.

Inhalt

Weitere Bücher des Autors

Es dreht sich alles um das Eine
Eigenverlag

Bike for Peace - Paris- Moskau
Eigenverlag

Weisheiten und kleine Dummheiten
Eigenverlag

Reifezeit
Eigenverlag

Jetzt bin ich alt
Rediroma-Verlag, ISBN 978-3-86870-757-7

Familiengeschichten und anderes Ungemach
Rediroma-Verlag, ISBN 978-3-86870-758-8

Lange Rede-kurzer Sinn
Rediroma-Verlag, ISBN 978-3-86870-750-2

Der schönste Tag
Rediroma-Verlag, ISBN 978-3-86870-766-3

Die Trattenmüllers
Rediroma-Verlag, ISBN 978-3-86870-759-5

Unbestechlich ist die Zeit
Rediroma-Verlag, ISBN 978-3-86870-930-8

Damals
Rediroma-Verlag, ISBN 978-3-86870-835-6

Heiter bis Wolkig
Rediroma-Verlag, ISBN 978-3-96103-096-5